MIX
Papier aus verantwortungsvollen Quellen
Paper from responsible sources
FSC® C105338

Haftungsausschluss:

Die Ratschläge im Buch sind sorgfältig erwogen und geprüft. Alle Angaben in diesem Buch erfolgen ohne jegliche Gewährleistung oder Garantie seitens des Autors und des Verlags. Die Umsetzung erfolgt ausdrücklich auf eigenes Risiko. Eine Haftung des Autors bzw. des Verlags und seiner Beauftragten für Personen-, Sach- und Vermögensschäden oder sonstige Schäden, die durch die Nutzung oder Nichtnutzung der Informationen bzw. durch die Nutzung fehlerhafter und/oder unvollständiger Informationen verursacht wurden, ist ausgeschlossen. Verlag und Autor übernehmen keine Haftung für die Aktualität, Richtigkeit und Vollständigkeit der Inhalte und ebenso nicht für Druckfehler. Es kann keine juristische Verantwortung und keine Haftung in irgendeiner Form für fehlerhafte Angaben und daraus entstehende Folgen vom Verlag bzw. Autor übernommen werden.

Sollte diese Publikation Links auf Webseiten Dritter enthalten, so übernehmen wir für deren Inhalte keine Haftung, da wir uns diese nicht zu eigen machen, sondern lediglich auf deren Stand zum Zeitpunkt der Erstveröffentlichung verweisen.

Bibliografische Informationen der Deutschen Nationalbibliothek

Die Deutsche Nationalbibliothek verzeichnet diese Publikation in der Deutschen Nationalbibliografie; detaillierte bibliografische Daten sind im Internet über http://dnb.dnb.de abrufbar.

1. Auflage 2024
©2024 by Remote Verlag, ein Imprint der Remote Life LLC, 3833 Powerline Rd., Suite 301-C 33309 Fort Lauderdale, Fl., USA
Alle Rechte vorbehalten. Vervielfältigung, auch auszugsweise, nur mit schriftlicher Genehmigung des Verlages.

Projektmanagement: Tatjana Helmke
Lektorat und Korrektorat: Stefanie Aust, Heike Maillard, Luise Hartung
Umschlaggestaltung: Christopher Rodenkirchen
Satz und Layout: Christopher Rodenkirchen
Illustrationen und Grafiken: Verena Klöpper
Abbildungen im Innenteil: ©Ortrud Tornow – mit Ausnahme von "Generationen und Lebensphasen " siehe Quelle [22] Dr. Karl Hofmann und Manfred Sieg

ISBN Print: 978-1-960004-41-3
ISBN E-Book: 978-1-960004-42-0
ISBN Gebundenes Buch: 978-1-960004-77-2

www.remote-verlag.de

Ortrud Tornow

Mein Weg zur *Selbst-* bestimmung

Nutzen Sie Lebensphasen als Sprungbrett für positive Veränderungen und neue Chancen

www.remote-verlag.de

Liebe Leserin, lieber Leser,

dieser autobiografische Ratgeber »Mein Weg zur Selbstbestimmung« vermittelt Ihnen, wie Sie bestmögliche Lebensqualität und Erfüllung finden können, wie es gelingt, tradierte Muster und zementierte Denkweisen abzulegen, um Chancen in den einzelnen Phasen des Lebens bewusst zu nutzen. Neben dem Lebensphasenmodell[1], das in diesem Buch anhand meiner persönlichen Biografie den roten Faden bildet, möchte ich einige meiner wirkungsvollsten und damit wertvollsten Tools aus meiner langjährigen Erfahrung als Beraterin, Coachin und Trainerin zur Persönlichkeitsentfaltung und aktiven, selbstbestimmten Gestaltung des Lebens beschreiben. Begleitend zu diesem Buch stelle ich dem Nutzer dieses Buches kostenfrei mein Whitepaper »Gehe den Weg vom Ich zum Du« zur Verfügung.

- Finden Sie die Kraft und den Mut, Ihr Leben selbst in die Hand zu nehmen.
- Überwinden Sie die Sucht nach Anerkennung.
- Befreien Sie sich von externen Erwartungen und Normen.
- Ändern Sie Ihr Mindset – fünf Freiheiten in Ihrem Leben.
- Werden Sie ein Possibilist, sehen und nutzen Sie die Chancen, die Ihr Leben für Sie bereithält.

Das Whitepaper zeigt Ihnen wesentliche Mindsets und Verhaltensmöglichkeiten auf, die Ihnen helfen, mit Ihren inneren und äußeren »Stolpersteinen« und mit Konflikten konstruktiv umzugehen.

Inhalt

Dr. Karl Hofmann über dieses Buch 6
Mein Weg zur Selbstbestimmung 7
    Was ist Kairos? 8
Reise durch meine Lebensphasen 11
    Lebensphase 1 – Die Liebe zum Leben lernen 11
    Lebensphase 2 – An Autoritäten glauben lernen 16
    Lebensphase 3 – Gegensätze annehmen lernen 22
    Lebensphase 4 – Ich entdecke meine Stärken 31
        Das Johari-Fenster 41
        Die Entwicklungsbereiche der menschlichen Entfaltung 47
    Lebensphase 5 – Ich weiß, was für mich richtig ist 48
    Lebensphase 6 – Stärke durch gemeinsamen Austausch 60
    Lebensphase 7 – Vertraue auf die rationalen
        Grundlagen deines Handelns 73
    Lebensphase 8 – Meiner Kompetenz vertrauen 81
        Die SIZE Success-Persönlichkeitsanalyse 86
        Die Transaktionsanalyse 89
    Lebensphase 9 – Die Liebe neu entdecken 102
        Kairos – der Navigator des Lebens 108
        Der kairologische Blick auf Generationen 111
    Lebensphase 10 – Weitergeben 133
    Lebensphase 11 – Beitrag zum Allgemeinwohl 147
    Lebensphase 12 – Loslassen und das Miteinander genießen 150
Nutze deine Lebensphasen als Sprungbrett für positive
Veränderungen und neue Chancen 151
Interview mit dem Zukunftsforscher Matthias Horx 155
Dankeswort 166
Gedanken von meiner Tochter Arabella:
Das Buch, ein Puzzleteil auf dem Lebensweg 167
Über die Autorin 169
Quellenverzeichnis 171

Die Autorin spricht mit ihrer Ansprache jedes Geschlecht sowie diverse Personen an. Das generische Maskulinum wurde ausschließlich für eine bessere Lesbarkeit des Sprachflusses gewählt.

Dr. Karl Hofmann über dieses Buch

»Er strahlt etwas aus«, »Sie wirkt so lebendig«, »Diese Person, jenes Ideal bedeuten mir heute nichts mehr.«

Was besagen solche Sätze? Deuten Sie nicht eine Dimension des Menschen an, die eigentlich schwer zu fassen ist? Wir reden dann vielleicht von Flow, Lebenskraft, Rhythmen, Kreativität, Lebensphasen, Geist oder Energie. Solche und ähnliche Begriffe bieten unseren Vorstellungen, Beobachtungen und Gefühlen Raum. Sie umkreisen die kaum fassbare Bewegung, die jeder von uns jederzeit ist und vergegenwärtigt. Diese Bewegung selbst ist sinnvoll und »zeitvoll«. Sie durchdringt alles mit Bedeutung. Sie ordnet jeden Zeitpunkt in ein Ganzes ein. Schließlich führt sie jeden von uns zu wachsender persönlicher und geschichtlicher Ganzheit.

Das sind keine abstrakten Gedanken. Die Lebenslogik des Menschen, die sie ansprechen, verwandelt sich für jeden von uns in eine vielfältige, alle Farben umfassende Biografie.

Aber für die meisten gilt, was Goethe im Faust über das Leben schreibt: »Ein jeder lebt's, nicht vielen ist's bekannt.«

Es ist die wertvolle Leistung von Ortrud Tornow, ihr eigenes Leben als Beispiel genommen zu haben, um anderen eine Orientierung zu geben. So erwartet die Leser eine geglückte Verbindung von Praxis und Theorie des Kairos, von persönlicher Betroffenheit und allgemeiner Botschaft, von lebendiger Erinnerung und Zukunftsausrichtung. Man spürt die Begeisterung und Anziehungskraft, mit der von dem Kairos und seinem Wirken erzählt wird. Und so verwandelt sich die kaum vorstellbare Kraft und Navigation des Kairos in eine einmalige und zugleich geordnete Lebensführung, die gut nachvollziehbar ist.

Wer dieses Buch aufmerksam liest, wird daher Wichtiges für seine Selbsterkenntnis gewinnen, aber auch systematische Hinweise für seine Arbeit und seine Kommunikation mit anderen Menschen erhalten.

Dr. Karl Hofmann
Begründer einer neuen Kairologie

Institut für Kairologie

Mein Weg zur Selbstbestimmung

Mit meinem heutigen Wissen hätte ich mir mein Leben leichter machen können. Ich hätte nicht so viele innerliche Konflikte mit mir ausgetragen, mich hätten weniger Gewissensbisse geplagt und ich hätte dadurch meinem Leben weitaus mehr Lebensqualität geben können – sowohl auf beruflicher als auch auf privater Ebene.

Um auch Ihnen das Leben leichter zu machen, möchte ich meine Erkenntnisse, Erfahrungen und Wissen in Verbindung mit meiner beruflichen Arbeit als Trainerin, Coachin und Beraterin in diesem Buch mit Ihnen teilen, ergänzt durch autobiografische Beispiele. Denn unser Leben bietet uns viel mehr Möglichkeiten und Chancen, als zu nutzen die meisten Menschen Mut haben. Dieses Buch wird Sie ermutigen, rechtzeitig Perspektivwechsel zu betreiben, Stolpersteine, Hindernisse im Leben als Chance zu sehen und neue Wege zu nutzen für ein beruflich und privat erfülltes Leben.

Ich bin froh und beruhigt, sagen zu können: Ich habe in meinem Leben in den unterschiedlichsten Lebensphasen die richtigen Entscheidungen getroffen, wenngleich diese oft mit harten Konsequenzen einhergegangen sind. Vom schlechten Gewissen einmal abgesehen, das ich Menschen gegenüber hatte, die mich auf meiner jeweiligen Wegstrecke begleitet haben. Menschen, welche ich zum Teil hinter mir gelassen habe oder eine geraume Zeit aus meinem Leben verbannt hatte. Heute weiß ich, wie wichtig es ist, seine innere Stimme, das innere »Navi«, wahrzunehmen, es zu hören und ihm auch mutig zu folgen. Auf der Suche nach meinem Ich blieb ich mir selbst immer treu. Wie wichtig diese Einstellung, diese Grundhaltung ist, woher sie kommt und wie wichtig bestimmte Schritte im Leben sind, mit allen Konsequenzen, das war mir damals nicht bewusst – und doch tat ich intuitiv das Richtige.

Bestätigt wurde mir dies erst durch meine intensive Beschäftigung mit einem neuen Modell der Entwicklungspsychologie[2] während meines Studiums der Kairologie in der Zeit von 2012 bis 2015. Mit diesem Wissen hätte ich mir mein Leben leichter machen können.

Was ist Kairos?

Kairos ist ein Begriff aus der griechischen Mythologie, der einen günstigen Moment oder den »richtigen Zeitpunkt« beschreibt. In einem modernen Kontext wird Kairos oft verwendet, um einen günstigen Zeitpunkt für eine Aktion oder Entscheidung zu beschreiben. Kairos wird als Kraft wahrgenommen, die jeden Menschen in das ihm mögliche Optimum zieht. Voraussetzung dafür ist, dass ein Mensch in seinem bisherigen Leben die Fähigkeit entwickeln konnte, sich selbst wahrzunehmen, sich vertraut ist, in Beziehung zu sich selbst steht, achtsam mit sich und seinen Bedürfnissen umgeht. Im Verlauf dieses Buches werden Sie die faszinierende Welt des kairologischen Modells als Werkzeug anhand meiner eigenen bisherigen Lebensdynamik kennenlernen. Ich wünsche mir, Sie zu motivieren, auch Ihrem Leben Richtung und Sinn zu geben.

Ich blicke gern und mit Stolz zurück auf manche Phasen meines Lebens, die große Hürden bereitgehalten haben. Ich bin heute voller Dankbarkeit für alle Stolpersteine, alle Widrigkeiten, mit denen ich konfrontiert wurde, mit denen ich mich auch selbst konfrontiert habe, an denen ich reifen, wachsen konnte und mit denen ich mich weiterentwickelt habe.

Reibung erzeugt Energie – und bei mir hat es funktioniert. Energie muss fließen können. Wenn Energie nicht fließen kann, kommt es zu einem Energiestau. Welche Auswirkungen ein solcher Stau auf die Lebensqualität, ja sogar auf unsere Gesundheit und die Kommunikation mit anderen Menschen haben kann, darüber werde ich berichten.

Im Jahr 2022 feierte ich 30 Jahre erfolgreiche selbstständige Arbeit als Life- und Business-Coachin und Beraterin im Bereich der Unternehmens- und Persönlichkeitsentwicklung. Bis heute habe ich diesen Schritt in die Selbstständigkeit zu keiner Zeit bereut – ich brenne immer noch für meine Arbeit, denn ich habe im wahrsten Sinne des Wortes meine Berufung zum Beruf gemacht. Noch heute freue ich mich über jede Rückmeldung, dass sich der Erfolg auch tatsächlich einstellt, wenn oft einfach klingende Erfolgsregeln tatsächlich angewandt werden. Noch mehr freue ich mich, wenn andere Menschen durch meine Impulse den Mut entwickeln, ihrem Leben mehr Lebensqualität zu geben – sei es im Umgang mit sich selbst, im Umgang mit Aufgaben oder im Umgang mit anderen.

Wer die Zukunft gestalten will, sollte die Strömungen der Vergangenheit genau kennen. Daher begleite ich Menschen auch mit meinem Wissen um Potenziale, die jeder mit ins Leben bringt, und Prägungen in bestimmten Lebensphasen. Dieses Wissen ist für die meisten Menschen immer noch unbekannt. Mit diesem Buch möchte ich allen Mut machen, ihren eigenen, ganz individuellen, einzigartigen, persönlichen und erfolgreichen Lebensweg zu gehen. Ich bin sicher, dass eine Person, die mehr um die eigene Lebensdynamik und die Energien in den unterschiedlichen Lebensphasen weiß, gelassener im Jetzt leben, das Jetzt nutzen und die Zukunft bewusster vorbereiten und gestalten wird.

Außerdem wird dieses Buch wertvoll sein für alle, die mehr über praxistaugliche, umsetzbare Trainingsmethoden, kommunikationswissenschaftliche Theorien und psychologische Erkenntnisse erfahren möchten. Ich habe verstanden, dass die eigene Persönlichkeit am effektivsten durch unsere Körpersprache und Sprache, unsere Ausdrucksweise veränderbar ist. Ein Großteil unseres täglichen Lebens besteht aus Kommunikation, innerhalb unseres Influenzbereichs und vor allem mit uns selbst. Unser innerer Dialog ist entscheidend, wie wir agieren und reagieren.

Unser Leben bietet uns viel mehr Chancen und Möglichkeiten, als zu nutzen wir den Mut haben. Ich hatte den Mut. Mut und Gottvertrauen. Heute weiß ich weshalb: Ich verfüge offenbar über die Fähigkeit, mir selbst zu vertrauen und an mich zu glauben. Das hat seinen Ursprung in fundiertem Urvertrauen, welches in der ersten Lebensphase von null bis sechs Jahren gesät wird. Daraus erwachsen Willensstärke, Mut und Tatkraft; dies führt zum Umsetzen von Wünschen, Träumen und Ideen und zu Erfolg. Das ist ein einfaches Naturgesetz. Jeder Gedanke, der von uns ausgeht, kommt zurück, wirkt verstärkend und führt zu einer Kettenreaktion. Doch was tun, wenn diese Urkraft nicht entstanden ist. So viel bereits jetzt schon: Sie können Selbstvertrauen noch später in Ihrem Leben entwickeln, es bedarf jedoch einer 64-mal stärkeren Konzentration und Intention.

Ich widme dieses Buch meiner Tochter Arabella. Sie hat mich dazu gebracht, den Realitäten ins Gesicht zu sehen. Ich erkannte, was ich zu tun hatte, um mir selbst treu zu bleiben und für sie eine positive Zukunft möglich zu machen. Mit ihrer Geburt war ich verantwortlich für diesen kleinen Menschen, der mir anvertraut wurde und den ich nun auf seinem Lebensweg begleiten durfte. Ich wollte ihr eine stabile Ausgangsbasis bieten und einen guten Boden bereiten, auf dem sie sich entwickeln und entfalten konnte. Durch sie habe ich den Mut entwickelt, mich von tradierten Verhaltensmustern und Glaubenssätzen zu lösen, mich von Menschen und von Besitz zu trennen.

Reise durch meine Lebensphasen

Lebensphase 1
Die Liebe zum Leben lernen

Von der Geburt bis sechs Jahre – Ur-Vertrauen aufbauen
»Ich bin im tiefsten Sinne aufgehoben und kann dem Leben ausreichend vertrauen.« Dieses Angenommensein trägt unsere spätere Lebensbejahung. Wir lernen die Liebe zum Leben.

Thema: mit anderen spielen, kuscheln, Nähe und Liebe erhalten
Im Spiel erobern wir unsere erste Welt. Unsere Erfahrung mit Nähe legt die Grundlage für unsere späteren Bindungen.

Geboren wurde ich in einem kleinen osthessischen Dorf mit ca. 1.000 Einwohnern. Es gab einen Pfarrer, ein Pfarrhaus, einen Kindergarten, einen Hauptlehrer, eine Schule bis zur vierten Klasse, meine Grundschullehrerin, einen Bauunternehmer und einen großen Arbeitgeber: das Kalkwerk. Ein typisches Dorf eben, mit zahlreichen Bauernhöfen, drei kleinen Lebensmittelgeschäften, einem Gesangsverein, einem Sportverein. Und es gab eine Bäckerei mitten im Ort – unsere Bäckerei, mein Elternhaus.

Mein Vater war eine kraftvolle Persönlichkeit, ein echter Unternehmer. Er erzählte immer, dass er in unserem Ort der zweite Autobesitzer überhaupt gewesen war. Mein Vater baute viel um und an.

Meine Mutter, ebenfalls eine starke, kluge, sehr engagierte und fleißige Persönlichkeit, war eine gute Hausfrau und Geschäftsfrau. Sie war vielseitig, arbeitete sowohl in unserer Bäckerei als auch im Verkauf und konnte zudem noch sehr gut kochen.

Es gab jede Menge Onkel und Tanten. Und es gab meine Schwester und mich. Sie ist vier Jahre älter als ich und war von Anfang an wohl eifersüchtig auf die »Kleine«. Wir waren und sind sehr unterschiedlich.

Zur Bäckerfamilie gehörten auch Gesellen, Auszubildende, Ladenhilfen und Kindermädchen. Und es gab jede Menge Kunden. Gern erinnere ich mich an einen unserer Gesellen. Er gehörte zur Familie, bei allen Feierlichkeiten war er dabei, war auch immer für mich da und hat mich sehr geprägt. Er war immer gut gelaunt, hat viel gepfiffen. Für ihn war das Glas immer halb voll, er war ein echter Optimist. Ein Mensch mit einer positiven Grundhaltung, zu dem ich mich hingezogen fühlte. Er hatte eine enorme Geduld, z. B. hat er für mich immer ganz kleine Gebäckstücke geformt und ich durfte ihm dabei helfen. Außerdem war er ein guter Fußballer und Sportler. Als er einmal mit mir ins Schwimmbad ging, erzählte er mir von seiner einzigen Reise ans Tote Meer. Ich konnte damals nicht glauben, dass man sich aufs Wasser legen konnte und nicht unterging. Erst viele Jahre später durfte ich es selbst erleben.

Genauso gern erinnere ich mich an Feierlichkeiten, Geburtstage, Weihnachten, Kommunion, zu denen alle Onkel und Tanten kamen. Ich habe sie alle, insbesondere die Brüder meiner Mutter, als lebensbejahende, aktive Menschen in Erinnerung. Die meisten waren auch selbstständig oder hatten verantwortungsvolle Positionen und führten ein harmonisches Familienleben. Bei 18 Cousins und Cousinen war natürlich ganz schön was los. Wir haben heute noch Kontakt, zu einigen sogar einen sehr engen und herzlichen Bezug.

Besonders schön fand ich es, wenn Papa seine Mundharmonika – eine Kreuzwender Mundharmonika – herausholte. Man konnte sie drehen und in mehreren Tonlagen spielen. Es wurde gesungen und gelacht. Mein Lieblingslied war »Im grünen Wald …, da wo das muntre Rehlein springt« – bis zur Strophe mit dem Jäger, die mochte ich nicht mehr.

Meine Mutter berichtete mir, dass ich als Neugeborene oft Krämpfe hatte. Der örtliche Kindergarten wurde von zwei Vinzentinerinnen geleitet und eine der Schwestern hat mir das Leben durch ihr beherztes Eingreifen mit einer Entkrampfungsspritze gerettet. Sie war ausgebildete Krankenschwester. Wenn es mir schlecht ging, hat mein Vater mich oft stundenlang getragen. Mit etwa eineinhalb Jahren verbrachte ich auch noch einige Zeit mit Verdacht auf Hirnhautentzündung im Krankenhaus.

Unsere vorgeburtlichen und frühkindlichen Erfahrungen prägen uns unbewusst, ebenso wie die gewiss nicht immer ernst gemeinten Sätze und häufig wiederholten Aussagen über unsere Person.

So sagte meine Mutter z. B.: »Ja, du bist schon ›Erste Klasse‹ geboren worden.« Oder mein Vater meinte: »Du bist so anders, dich haben sie gewiss im Krankenhaus vertauscht.« Wahrscheinlich hat sich niemand etwas dabei gedacht, und vielleicht war es auch nie ernst gemeint. Dennoch hinterlassen solche Sätze Spuren.

Dreh- und Angelpunkt in unserem Leben sind doch immer die Fragen: Wer bin ich und wer will ich sein? Wo ist mein Platz im Großen und Ganzen? Es geht um Lebenserfolg, Lebenssinn, Resonanz mit anderen und persönliches Wachstum.

Reflexion
Ich kann im Rückblick auf meine Kindheit sagen, dass sie behütet war. Ich bin in einem ebenso traditions- wie arbeitsreichen Umfeld groß geworden und habe das Glück gehabt, Zuwendung durch zahlreiche Kontaktpersonen zu erfahren. Einer war immer für mich da, es waren zwar nicht unbedingt immer der Vater oder die Mutter, jedoch vertraute Menschen, die sich um mich kümmerten und mir liebevoll zugewandt waren. Der Vater arbeitete immer in der Backstube oder im Garten, anders habe ich ihn nicht in Erinnerung. Aber wenn ich krank war, dann kam Papa extra aus der Backstube, um nach mir zu sehen. Er war dann immer sehr besorgt. Ich bin dadurch nicht absichtlich krank geworden, dazu war ich viel zu aktiv. Ich habe es jedoch genossen, seine uneingeschränkte Zuwendung für einige wenige Minuten zu erhalten. So bin ich durch mein vielseitiges Umfeld vielschichtig stimuliert worden.

Als Baby und Kind lernen wir von den Menschen in unserem Umfeld auf unvorstellbar kreative und intelligente Weise. Wir empfangen alles, was diese Menschen uns geben. Wir lernen kindhaft mühelos und unbeschwert. Kinder machen Fehler und lernen rasch, wie es besser geht. Und so lernt jeder Mensch von Kindheit an, was wichtig ist für das Leben. Erste Verhaltensmuster werden geprägt.

Kinder fallen 99-mal und stehen 100-mal wieder auf. Leider geht das Hinfallen und Wieder-aufstehen-Können im Laufe eines Lebens bei den meisten Menschen verloren. Doch eigentlich wurde unser Geist so programmiert, wir haben laufen gelernt, ohne an uns und unserer Fähigkeit zu zweifeln. Wir lernten von Menschen, die wichtig waren für unser Überleben.

In der Zeit, in der ich windellos werden sollte, wurde ich oft stundenlang auf einem extra dafür angefertigten kleinen Stühlchen »geparkt«, das vorn verschlossen werden konnte, damit ich nicht hinausfiel. Da alle viel zu tun hatten, ließ man mich oft sehr lange dort sitzen. Das war mir nicht recht, daher beschloss ich, wohl aus Trotz, mein »Geschäft« nicht an dieser Stelle und in dieser Zeit zu tun wie erwartet. Ich suchte mir dafür später andere Plätze, die meine Mutter natürlich nicht erfreuten. Handelte ich in dieser Situation im Trotz oder wehrte ich mich nur und lernte, langfristig für mich zu sorgen – und beeinflusste dadurch mein Umfeld?

Mit vier Jahren kam auch ich in den Kindergarten. Wie bereits erwähnt wurde er von zwei Nonnen – Vinzentinerinnen mit großer weißer Haube – geleitet, die mir Angst machten. Sie wirkten aus meiner damaligen Kindersicht sehr streng. Im Kindergarten musste ich jeden Tag einen Mittagsschlaf halten. Ich fühlte mich dort überhaupt nicht wohl und bin sehr ungern hingegangen. Außerdem gab es dort einen Jungen, der mich immer ärgerte und mich am Rock zupfte. Ich vermochte mich nicht zu wehren. Schön war, dass ich häufiger daheimbleiben durfte und in der Backstube dabei sein konnte. Zu Hause spielte ich gern mit Autos, die immer größer wurden – sogar ein »Amischlitten« war später dabei. Autos sammelte ich leidenschaftlich, genauso Tiere für meinen »Bauernhof«. Ich hatte zwar auch eine Puppe, spielte jedoch nicht so oft damit. Sehr häufig spielte ich dagegen mit meiner Freundin aus der unmittelbaren Nachbarschaft, ich war sehr gern bei ihr zu Hause auf dem Bauernhof.

Ich kann mich daran erinnern, dass bei uns zu Hause immer alles tipptopp sauber war – ich nie. Irgendwo hatte ich immer einen Fleck, irgendetwas war immer kaputt, Knie oder Hose. Heute schmunzle ich oft, denn es passiert mir z. B. in Seminaren, dass ich am Ende Filzstift an den Händen oder an den Kleidungsstücken habe.

Meine Mutter wollte mir zwar immer eine Schürze anziehen – damals war das wohl üblich. Ich habe mich erfolgreich gewehrt und von diesem »Ding« sehr schnell befreit. Ich war gern bei meinem Vater in der Nähe, der mich als Jungenersatz gern helfen ließ. Ich durfte beim Bau eines Hasenstalls mitwirken. Unser Garten lag am Wasser, dort haben wir eine Tränke für unsere Hühner angelegt und ein »Klohäuschen« gebaut. Als »Junge« durfte ich immer mehr.

Mit meinem Haarschnitt – mein handwerklich begabter Vater schnitt mir die Haare –, meinen Sommersprossen, dünn wie eine Spindel und quirlig, sah ich auch wie ein Junge aus. Bis zu meinem 12. Lebensjahr war ich lieber ein hübscher Junge als ein hässliches Mädchen. Meiner Mutter ging ich eher aus dem Weg, denn sie wollte aus mir ein richtiges, ordentliches, hübsches und braves Mädchen machen. Bin ich später etwas burschikos an Themen herangegangen, weil ich männliche Selbstverständlichkeiten übernommen habe?

Reflexion
Uns Menschen zieht es immer dorthin, wo das Selbstwertgefühl nicht infrage gestellt wird und der Mensch in seiner Persönlichkeit so angenommen wird, wie er ist. So ging es auch mir. Heute weiß ich, dass gerade in der Zeit von unserer Geburt bis zum sechsten Lebensjahr liebevolles, uneingeschränktes angenommen werden, spielen, ausprobieren, an Grenzen gehen dürfen und können wichtig ist für den Aufbau eines stabilen Urvertrauens.

Rückblickend weiß ich: Meine Stärke, meine Durchsetzungskraft, mein Vertrauen in mich und die Welt wurden in dieser Lebensphase geprägt. Auch mein Lebensthema »Unabhängigkeit« hat seinen Ursprung in meiner Kindheit.

Je wohler ein Kind sich fühlt, je mehr es geliebt und angenommen wird, desto leichter lernt es. Es verfügt über einen unerschöpflichen Vorrat an geistiger Lernkapazität. Und alles, was es aus seiner kindlich intelligenten Sicht als Wahrheit annimmt, wird zu einer Erfahrung, aus der es lernt, wie es auf bestmögliche Weise sein Überleben sichern kann.

Am Ende sollte das Vertrauen da sein: »Ich bin gut in der Welt aufgehoben.«

Ich mit eineinhalb Jahren

Lebensphase 2
An Autoritäten glauben lernen

Sechs Jahre bis 12 Jahre – Ur-Wissen aufbauen
In diesem Alter sind Kinder fähig, im tiefsten Sinne jegliches Wissen aufzunehmen.

Thema: lernen zu lernen, lernen zu glauben, lernen, mit anderen zu schwingen

Fragen: Welche Autoritäten erlebe ich? Welchen Autoritäten kann ich Glauben schenken? Wofür bekomme ich Anerkennung? Welche Normen und Regeln erfahre ich?

Mit sechs Jahren wurde ich eingeschult. Gern erinnere ich mich an meine Grundschullehrerin. Sie hat mich sogar im Erwachsenenalter unterstützt, wurde zu einer Fürsprecherin bei meinen Eltern und gehörte zu den Menschen, die mir auch später Mut gemacht haben, meinen Weg zu gehen. Noch bis zu ihrem 80. Geburtstag hatten wir Kontakt.

Die Zeit bis zu meinem 12. Lebensjahr verging unspektakulär. Ich hatte in der Bäckerei meine Aufgaben, z. B. meinem Vater in der Backstube zu helfen. Jeden Samstag war »Backstube putzen« angesagt. Ich mochte das – zumindest bis ich acht oder neun Jahre alt war. Mein Vater und ich sangen in der Backstube laut. Ich erinnere mich noch an das Lied »Drei Chinesen mit dem Kontrabass« (ist heute nicht mehr »zeitgemäß«). Unsere Kunden im Laden hatten immer ihren Spaß daran. Ebenso begleitete ich meinen Vater bei der Arbeit im Garten. Ich machte das alles gern. Nun ja, vielleicht nicht immer. Viel lieber war ich später bei der Tochter des Nachbarn auf dem Bauernhof. Wenn ich dann in der Backstube helfen musste, habe ich oft so laut gesungen und Quatsch gemacht, bis ich endlich hinausgeworfen wurde: »Du nervst«. Nur zu gern bin ich dann gegangen.

Grundsätzlich musste ich viel zu Hause sein und habe gelernt, mich mit mir selbst zu beschäftigen, wenn mal keine Aufgabe anstand. Ich konnte mich schmutzig machen, toben, Dinge ausprobieren, am und im Bach spielen, mit einem Glas Fische fangen, Roller, Fahrrad und Rollschuh fahren. Und auf Mehlsäcken mit einem Freund Cowboy und Indianer spielen. Im Vergleich dazu war ich in der Schule eher unauffällig: brav, artig, nicht sonderlich mutig, aber auch nicht ängstlich – still eben. Lernen lag mir nicht besonders, ich war lieber draußen, spielte oder ging auf Entdeckungsreise.

Ich erinnere mich noch heute, wie ich vor wichtigen Klassenarbeiten morgens schnell in die Kirche gegangen bin, in der Hoffnung, dass mir »von oben« geholfen würde, die richtigen Lösungen zu finden. Ich vertraute offenbar seinerzeit bereits auf eine höhere Macht. Nun, ich lag im mittleren Bereich der Noten bis auf einige positive Ausnahmen wie Musik, Singen, Zeichnen, Religion, Sport und Deutsch. Das waren meine Lieblingsfächer, dafür brauchte ich nicht in die Kirche zu gehen. Oder vielleicht haben meine Gebete bei diesen Themen geholfen. Ich konnte mich also entfalten – Dinge ausprobieren, mich mit mir selbst beschäftigen – und das kann ich heute noch. Es gab zum Glück wenig Zeit für Kontrolle und »Erziehung«. Meine Mutter achtete immer auf Handarbeit, ordentliche und saubere Schrift. Hier hatte ich dann auch die Note »sehr gut«. Später nicht mehr.

Die Aussage meines Vaters »Dich haben sie bestimmt im Krankenhaus vertauscht« hat mich sehr getroffen, schon als kleines Kind. Gerade ihn hatte ich in unserer Familie so wahnsinnig lieb und ich wollte doch dazugehören. Ich war immer stolz, Bäckertochter zu sein, seine Tochter zu sein. Diese Aussage – das durfte, konnte doch nicht sein!

Ständige Bemerkungen und deren Wiederholung hinterlassen tiefe Spuren, prägen unbewusst und unterbewusst. Mitgebangt habe ich mit ihm, wenn ein Brief des Finanzamtes ins Haus flatterte. Obwohl es uns materiell gut ging, legte er dann die Stirn in Sorgenfalten und ich fragte oftmals: »Muss jetzt mein Bett weg?« –

»Natürlich nicht!«

Meine Schwester war vier Jahre älter als ich und ihr erging es anders. Sie war die Erstgeborene und damit die Nachfolgerin in der Bäckerei. Als sie zehn Jahre alt war, half sie schon hin und wieder im Verkauf aus. Sie lernte später das Bäckerhandwerk. Es gibt in meiner Erinnerung nur wenige Situationen, in denen wir zusammen waren oder die wir als Geschwister gemeinsam erlebt haben. Als Kinder haben wir eigentlich nie zusammen gespielt, zumindest kann ich mich nicht daran erinnern. Vielleicht wollte sie nicht, vielleicht konnte sie nichts mit mir anfangen oder hatte keine Zeit. Darüber haben wir – bis heute – nie gesprochen.

17

Da unsere Bäckerei mitten im Dorf liegt, war es ein Treffpunkt für Jung und Alt. Wenn unsere Eltern bei meinem Onkel im Großhandel einkauften, für unser Geschäft und für uns, haben meine Schwester und ich uns um den Verkauf gekümmert und die Kunden bedient – ich habe ihr geholfen, so gut ich konnte.

In den Leerlaufzeiten haben wir im Hof Federball gespielt. An diese sehr wenigen gemeinsamen Zeiten erinnere ich mich gern. Wir blieben dabei nie lange allein. Schulkameraden meiner Schwester kamen, denn schon seit dem Morgen wussten wir, dass wir am Nachmittag allein zu Hause sein würden.

Während meiner Grundschulzeit kamen die Lehrer auch in unserem Geschäft einkaufen und so wusste meine Mutter immer über alles Bescheid. Also war ich brav, lieb und nett – eine unauffällige Schülerin.

Einmal hatte ich Nachsitzen, weil ich im Unterricht gesprochen hatte, und habe unter der Bank meine Strafarbeit noch während der Schulzeit fertig bekommen. Nach Schulschluss blieb ich noch kurz in der Schule und eilte dann schnell nach Hause. Dadurch fiel das »Nachsitzen« meinen Eltern nicht auf. Wohl meiner Lehrerin: Als diese nachmittags einkaufen kam, hat sie es meiner Mutter im Geschäft erzählt. Meine Mutter kam später auf mich zu und hat mich mit einem leichten Schmunzeln zur Rede gestellt. Ich war sehr froh, dass das erwartete Donnerwetter ausblieb.

Meine Eltern sind nie in den Urlaub gefahren. Für meinen Vater waren alle, die in den Urlaub fuhren, spazieren gingen etc., »Faulenzer«.

Jeweils nach den Sommerferien fragte unsere Lehrerin, was jeder im Urlaub erlebt hatte. In meine Klasse ging auch der Sohn unseres Hauptschullehrers. Er erzählte von seinen Urlaubsreisen mit der Familie nach Italien. Wie sie auf der Brennerautobahn über die Alpen gefahren waren. Da meine Eltern nie Urlaub machten und für mich der weiteste Ausflug der Kreuzberg war, konnte ich es mir nicht vorstellen, über die Alpen in ein anderes Land zu fahren. Ich war begeistert und ich bin sicher, damals wurde mein Fernweh geweckt.

Reflexion

Ein Kind sucht die Anerkennung des eigenen Ich in der Erfüllung von Normen, durch Lob und Tadel und dadurch, dass es Wünschen entspricht. Die Bedeutung von Sätzen, von Ordnung und Verhaltensweisen hängt von der Stärke und Art der Autoritäten ab, die sie vermitteln. Diese Lebensphase ist eine Phase der höchsten Bereitschaft, an unsichtbare Kräfte zu glauben.

In der Zeit zwischen sechs und 12 Jahren bauen wir ein Ur-Wissen auf, wir manifestieren Ordnungssysteme, Werte, Glaubenssätze, die uns vorgelebt werden. Die Etikette der eigenen Familienstruktur verankert in uns die positiv erlebten Traditionen. Erinnern Sie sich noch an diese Zeit? Wofür haben Sie Anerkennung erhalten? Wurden Sie gelobt, wenn Sie sich angepasst haben, wenn sie nachgegeben und es anderen recht gemacht haben? Oder wurden Sie für hervorragende Leistungen gelobt und belohnt? Wenn Sie schnell fertig waren?

Ich bekam positive Zuwendung und Lob für mein sonniges Gemüt, wenn ich mit angepackt habe und schnell war – auch beim Sprechen. Zupacken, das konnte ich schon immer. Meine praktische Veranlagung kommt wohl auch aus dieser Zeit. Auch mein Antreiber »Sei schnell« ist damals entstanden. Ordentlich, sauber und immer perfekt sein – damit konnte ich mich wohl nicht identifizieren. Diese Eigenschaften wurden wohl aus Zeitgründen auch nicht intensiv abverlangt und kontrolliert. Wenn ich ehrlich bin, gehören diese Attribute noch heute nicht wirklich zu meinen Stärken.

Mit 11 Jahren kam ich auf die Hauptschule. Eine Realschule oder ein Gymnasium war für meine Eltern kein Thema, da meine Schwester auch nicht auf eine weiterführende Schule ging. Hier traf ich auf andere Schulkollegen aus anderen Orten. Wenngleich ich eine Spätzünderin und sehr lange lieber ein Junge war – mit 13 wollte ich dann doch ein Mädchen sein. Ich freundete mich mit einigen meiner Schulkollegen an und bemerkte immer mehr: Als Mädchen kann es auch sehr schön sein, nur so fein und etepetete wie einige von ihnen bin ich nicht. Es ist schon merkwürdig, dass ich mich genau mit diesen Mädchen oft getroffen habe. Sie besaßen Eigenschaften und Verhaltensweisen, die ich offensichtlich nicht hatte. Ich beneidete sie nicht, ich war nur neugierig auf dieses »Anderssein«. Da den Platz an der Seite meines Vaters zunehmend meine Schwester einnahm, blieb mir viel Zeit, in der ich mich mit mir und meinem neuen Umfeld beschäftigte. So konnte ich mich ausprobieren und entfalten. Meine Schwester erlernte das Bäckerhandwerk zu Hause. Sie war immer eine sehr gute Schülerin: Die Gesellenprüfung hat sie mit einer Eins überdurchschnittlich erfolgreich bestanden. Sie war und ist eine kluge, engagierte Frau und führt noch heute zusammen mit ihrem Sohn erfolgreich die Bäckerei.

Auf die Sonntage freute ich mich immer besonders: Da gab es gemeinsame Mahlzeiten, die an Werktagen nicht möglich waren. Ich mochte den Austausch, das Zusammensein. Da der Esstisch am großen Küchenfenster stand, konnten wir das Geschehen auf der Straße beobachten, auch die sonntäglichen Kirchgänger.

Ich hatte mittlerweile langes rotblond-honigfarbenes Haar, war immer noch sehr hellhäutig, hatte Sommersprossen, die sich beim ersten Sonnenstrahl unglaublich vermehrten – und dünn war ich auch noch.

Neidisch schaute ich auf Schulkolleginnen im Sport und auf ihre bereits vorhandenen Formen. So ein richtiges Mädchen war ich noch nicht. Mit meiner Haarfarbe hatte meine Mutter offenbar ein Problem: kupfer-honig-gold. Sie riet mir zu einer dunkleren Haarfarbe, mit der ich mich überhaupt nicht wohlfühlte. Dennoch trug ich diese einige Zeit.

Auch meine Sommersprossen machten ihr zu schaffen. Offensichtlich hatte sie als junges Mädchen selbst darunter gelitten. Sie kaufte mir Bleichcremes und probierte alles aus, damit die Sommersprossen hell blieben und verschwinden sollten. Dies war nicht gerade förderlich für die Stärkung meines Selbstwertgefühls. Meine Mutter hat es jedoch immer gut gemeint. Sie wollte mir wohl die Sticheleien und Verletzungen ersparen, denen sie in ihrer Jugend ausgesetzt war.

Reflexion

Wenn ich an meine Schulzeit denke, habe ich immer sehr viel und leicht gelernt, wenn ich mich von den Lehrern angenommen fühlte, und das Gelernte lange behalten. Von Lehrern, die Kälte ausstrahlten und sehr autoritär waren, ging nichts in meinen Kopf. Das bedeutet auch, dass in manchen Wissensfeldern die Grundsteine nie gelegt wurden, etwa in Englisch. Zu meiner Englischlehrerin hatte ich keinerlei Bezug, sie auch nicht zu mir. Bis heute fällt mir die englische Sprache schwer. Genauso erging es mir mit meinem Erdkundelehrer. Ich glaube, er konnte sich in junge Menschen, besonders in mich, nicht hineinversetzen. Er zog seinen Unterricht durch. Noch heute frage ich mich: »Wo ist Norden, Süden, Osten, Westen?«, wenn es heißt: »Ist doch ganz einfach, fährst auf der Autobahn nach Norden ...«

Später hatte ich das Pech, auch noch einen Deutschlehrer zu bekommen, dem meine Art, Aufsätze zu schreiben, überhaupt nicht gefiel. Einmal, als er mir für einen Aufsatz, den ich nach langer Recherche und mit viel Liebe geschrieben hatte, eine Fünf gab, habe ich diesen Aufsatz drei seiner Lehrerkollegen vorgelegt. Ergebnis: Ich erhielt drei weitaus bessere Ergebnisse. Ich nahm Ungerechtigkeiten nie hin. Wie ich später durch die Kairologie erfuhr, ist es mir ein Anliegen, alles in Beziehung zu stellen und auch zu hinterfragen, weil ich als Mensch einer Beziehungsgeneration angehöre. Nur, das wusste ich damals noch nicht. Ich eckte durch mein Verhalten oft an.

Die Bereitschaft zu lernen oder eine Lernmotivation zu entwickeln, hängt zu einem großen Teil auch von der Art ab, wie ein Mensch an neues Wissen herangeführt wird, mit welchem Verständnis, welcher Begeisterung und anhand von welchen praktischen Beispielen gearbeitet wird. Eine meiner wichtigsten Erfolgskomponenten im Training war immer und ist es noch heute, Menschen für die jeweiligen Themen zu begeistern, sodass alle erkennen, welchen ganz persönlichen Nutzen das neue Wissen für sie hat.

Als Resonanz-Mensch verstehe ich heute, weshalb ich mit manchen Menschen nie eine Beziehung aufbauen und auch nichts von ihnen lernen konnte, mich nicht wohlfühlte, geschweige denn später konstruktiv mit ihnen zusammenarbeiten konnte. Ich lernte und lerne noch heute gern von echten Autoritäten. Von Persönlichkeiten, die in sich ruhen, ihr Leben bewusst und aktiv gestalten, zu sich stehen, auf Augenhöhe durchs Leben gehen, Menschen, die das, was sie denken, auch sagen und das, was sie sagen, tun.

Die erlebten Formen von Anerkennung, Grundwerte und eine Grundhaltung auch sich selbst gegenüber lenken, leiten und motivieren Menschen oft unbewusst, leider auch oftmals ungefiltert, bis ins hohe Alter in ihrem Handeln.

Unser Unterbewusstsein ist ein Lagerhaus unseres Gedächtnisses. Alles, was wir jemals gehört, erlebt und gelernt haben, ist in unserem Unterbewusstsein gespeichert. Unsere gesamte Vergangenheit existiert als Inhalt in unserem Unterbewussten. Sie steckt also tief in uns und bestimmt, wie wir die Welt wahrnehmen und interpretieren.

Für uns Trainer und Coaches ist eine der wichtigsten Fähigkeiten, Kontakt zu unseren Zielgruppen herzustellen, in Resonanz zu ihnen gehen zu können. Kontakt kommt vor Kontrakt. Abmachungen, Verträge, Zusammenarbeit und Vereinbarungen sind immer dann von Dauer, wenn wir in echtem Kontakt mit dem anderen sind – mit ihm schwingen, in Beziehung sind. Das gilt für alle Lebenssituationen.

Lebensphase 3
Gegensätze annehmen lernen

12 bis 19 Jahre – unser Leben annehmen – Ur-Beziehung aufbauen
Wir sind in der Pubertät. Wir erkennen, dass unsere gelernten Vorstellungen und die Realität sich oft widersprechen. Es geht um die eigene Identität und den eigenen Platz. Wo immer unsere Vernunft eine höhere Synthese findet, wächst unser Selbstbewusstsein. Wir lernen, dass auch schwierige Probleme lösbar sind.

Thema: Zeit der Verliebtheit, bewusst erleben, wie und mit wem wir Resonanz erfahren, und Freundschaft empfinden, lernen, mit Konflikten umzugehen

Fragen: Wie komme ich beim anderen Geschlecht an? Wie bin ich in Beziehung zu mir? Wie sehr sage ich »ja« zu mir? Wie lerne ich, Konflikte zu lösen?

Es geht darum, sich selbst wahrzunehmen und zu fühlen: »Was ist mir jetzt wichtig? Wie löse ich Konflikte, welche Modelle werden mir vorgelebt?« Diese Lebensphase bildet eine wesentliche Basis für eine konstruktive Konfliktfähigkeit.

Die Art und Weise, mit der wir in Resonanz mit uns und anderen gehen, ist eine wichtige Erfahrung. Zum Ich »ja« zu sagen, in Beziehung mit uns selbst sein zu können – zu spüren, was wir brauchen, was uns gerade jetzt guttut. Selbstliebe und Empathie sind Fähigkeiten, die bei einigen Menschen nicht entwickelt sind, vielleicht nicht gewünscht waren, nicht vorgelebt und nicht belohnt wurden.

Inwieweit sind Sie in der Lage, sich abzugrenzen und für sich selbst zu sorgen – ohne schlechtes Gewissen? Es ist ein Naturgesetz: Wer mit sich selbst nicht liebevoll umzugehen vermag, vermag es auch nicht mit anderen Menschen.

Rote Haare, Sommersprossen, abstehende Ohren – ich war hübsch! Nun, so überzeugt von mir war ich nicht. Die Aktionen meiner Mutter hatten schon einige Unsicherheiten bei mir hinterlassen. Meine Eltern waren mit ihrer Bäckerei erfolgreich und es ging uns finanziell immer sehr gut. Meine Mutter legte

Wert auf ein gepflegtes Äußeres und auf gutes Benehmen. Ich kenne sie nur gut gekleidet. Unsere Bäckerei war ein Marktplatz von Begegnungen. Es wurde immer viel erzählt und berichtet.

Debattiert und gestritten wurde bei uns oft. Meistens konstruktiv. Grundsätzlich war eine positive Energie spürbar und hat sich sicherlich auf mich übertragen. Schon als kleines Mädchen konnte ich es nicht ertragen, wenn meine Eltern sich stritten. Wegen des Geschäfts und der vielen Arbeit kam das öfter vor. Wenn sie gemeinsam nach Fulda zum Einkaufen fuhren, um z. B. einen Hut für Mama zu kaufen, sollte ich mitfahren, weil sie sicher sein wollten, dass meine Schwester und ich uns während ihrer Abwesenheit nicht stritten. Dann stellte ich immer die Bedingung: »Ich fahre nur mit, wenn ihr euch nicht streitet.« Das versprachen sie mir. Wertschätzung und Harmonie sind mir nach wie vor wichtig.

Als einziges Mädchen unter fünf Geschwistern hatte meine Mutter gelernt, sich durchzusetzen. Und sie wusste, was sie wollte. Sie wollte aus ihrem Leben etwas machen, nicht zu Hause auf dem Bauernhof bleiben. Sie wollte auf keinen Fall im Leben je wieder »einen Misthaufen vor dem Fenster sehen«, so ihr Statement. Das hat sie erreicht: Vor ihren großen Fenstern lag ein schöner kleiner Vorhof mit Blumen, die sie hegte und pflegte – und das mitten im Dorf. Mit meinem Vater zusammen besaß sie zudem ihr eigenes Geschäft.

Einen tiefen Graben verspürte ich zwischen meinem Vater und seinen Geschwistern. Obwohl seine Eltern bei uns im Haus in der oberen Etage wohnten, wusste ich viele Jahre lang gar nicht, dass sie meine Großeltern waren. Es wurde nie darüber gesprochen. Sie hatten wohl keine Zeit dafür übrig und es war auch nicht üblich, Vergangenes oder alte Wunden aufzuarbeiten. Der Blick meines Vaters war stets nach vorn gerichtet. Seine Tage waren gefüllt mit Arbeit, er liebte seinen Beruf als Bäckermeister. Das spürte und merkte man an seinem Handeln. Er schaffte von Zeit zu Zeit eine neue Maschine an, entwickelte neue Brotsorten, war offen für neue Produkte – stets visionär und aktiv. Auch meiner Mutter war keine Arbeit zu anstrengend. Sie war gern eine Geschäftsfrau, organisierte, kochte und versorgte uns alle jeden Tag. Die Geschwister meines Vaters kamen in unserem Leben nicht vor, er hatte den Kontakt abgebrochen.

Auch für meine Schwester und mich gab es lange Jahre keine Chance des Miteinanders. Es bestand zwischen uns ein tiefer Graben, wohl begründet durch Eifersucht, Neid und völliges Unverständnis für meine Art zu leben. Dieser Graben wurde im Erwachsenenleben gefühlt immer tiefer. Vielleicht habe ich es manchmal auch darauf angelegt, zu zeigen, wie anders ich bin, dass meine Welt eine andere ist als die meiner Schwester. Und unsere Welten sind heute noch sehr unterschiedlich. Doch meine Schwester und ich wollten diesen Graben nicht bis zum Lebensende aufrechterhalten. Lange nach dem Tod unserer Eltern, nachdem auch unsere Kinder jetzt erwachsen sind, ist es uns gelungen, wieder aufeinander zuzugehen.

Vergangenes ist vergangen – die beste Zeit ist jetzt. Loslassen, verzeihen und nach vorn blicken. Für gute Gefühle im Leben muss man selbst sorgen.

Stillschweigend vereinbarten wir, nicht über die Vergangenheit zu sprechen. Wir nutzen die Zeit, um über unser Leben heute zu sprechen. Vielleicht sind unsere Lebensweisen zu unterschiedlich gewesen und sind es noch. Damit bin ich heute zufrieden. Der regelmäßige, mittlerweile offene Austausch verbindet uns jetzt.

Reflexion
Eltern sind mitverantwortlich dafür, wie sich Geschwisterliebe entwickelt. Heute kann ich mich gut in meine Schwester hineinversetzen. Für sie muss es als Kind schlimm gewesen sein, als ich auf die Welt kam. Das Geschäft, ein Baby – und wo blieb sie?

Heute wissen wir alle, dass das ältere Geschwisterkind gerade in dieser Zeit besondere Beachtung braucht. Auch wegen des Altersunterschieds haben meine Schwester und ich nie gemeinsam gespielt und etwas gemeinsam unternommen. Wir hatten dadurch zu wenig Zeit, um Nähe aufzubauen.

Doch das Leben bietet uns allen die Chance zu reifen. Und wenn es bis zu unserem 50. oder 80. Lebensalter dauert. Wichtig ist es, die Chancen und Energien im Leben zu erkennen und diese auch zu nutzen.

Ich war also viel mir selbst überlassen. Heute ist Überbehütung ein Thema. Kinder werden ständig animiert, abgelenkt und stimuliert, unsere Optimierungsgesellschaft ist auf Höchstleistungen fixiert. Dabei ist es wichtig, dass Kinder sich auch allein beschäftigen können. Für mich war das damals kein Problem. Ich kann mich auch heute noch sehr gut mit mir selbst beschäftigen. Ich habe gelernt, aus so mancher Situation einfach das Beste zu machen, und stets versucht, meine täglichen Pflichten mit angenehmen Dingen zu verbinden.

Damit wir Wichtiges von Unwichtigem unterscheiden können, brauchen wir Stille, heute mehr denn je. Wo fand ich damals die Stille? Ich war dafür zuständig, den Hof zu kehren, und auch für den Garten, der unten am Wasser lag.

Besonders gern war ich im Garten. Nach getaner Arbeit nahm ich mir dort Zeit, legte mich auf die Wiese und schaute den Wolken zu. Das mache ich heute noch gern. Ich habe immer versucht, allen Situationen etwas Schönes abzugewinnen, und mich später selbst belohnt, indem ich mich mit meiner Freundin in der Nachbarschaft zum Spielen verabredete oder ein Eis aß. Heute gönne ich mir die eine oder andere Auszeit allein, zu zweit oder mit Freunden.

Ein für mich harter Einschnitt kam mit etwa 12 Jahren: Ab diesem Alter hatte ich das Gefühl, in meiner Familie nicht mehr zu existieren. Als meine Schwester die Bäckerlehre begann, fühlte ich mich zunehmend ausgegrenzt, überflüssig, nicht beachtet. Zunehmend spürte ich, wie sich meine Eltern von mir entfernten – oder war ich diejenige, die sich entfernte? So richtig hat sich keiner mehr für mich interessiert, nur hin und wieder für meine Noten, aber ganz gleich, ob sie gut oder schlecht waren, es passierte nichts.

Fehlte die Zeit, lag es an der ständigen Präsenz meiner Schwester oder an der wachsenden Dynamik in der Bäckerei? Ich gehörte plötzlich nicht mehr dazu. Es gab kein Gespräch, das sich nur um mich drehte. Das tat weh! Das alles habe ich seinerzeit nicht bewusst wahrgenommen, es war eher ein Gefühl, das ich nicht beschreiben konnte. Ich wollte dazugehören, ich war ja auch dabei – aber nur dabei, nicht mittendrin.

Offenbar hat diese Erfahrung Spuren hinterlassen: Ich fühle mich auch noch heute hin und wieder sehr schnell ausgegrenzt. Ich empfand es damals als normal. Es war logisch, da übernimmt jemand das Geschäft und dieser Mensch ist nun einmal wichtig, schließlich führt sie das Familienunternehmen weiter. Und ich kannte noch keine »Vergleichsmodelle«[3] und interessierte mich noch nicht für die Gewohnheiten und Selbstverständlichkeiten in anderen Familien. Erst viel später konfrontierte ich meinen Vater: »Wie kommt es, dass Familien sogar fünf Kinder haben und alle wichtig sind und dazugehören – nicht nur nach außen beim gemeinsamen Auftritt?«

Heute weiß ich, mit meinen völlig anderen psychischen Bedürfnissen als Beziehungsmensch, dass ich tatsächlich nicht in diese Familie passte. Mein Vater war 1918 geboren und gehörte einer Aufbruchsgeneration an, meine Mutter, geboren 1927, einer Struktur- und Ordnungsgeneration.[1] Meine Schwester, Geburtsjahr 1955, gehört zwar zur Beziehungsgeneration, jedoch mit ähnlichen Energien wie mein Vater. Früher waren die Fragen der sozialen Kompetenz oder der Sensibilisierung für das Anderssein kein Thema, über das man sich Gedanken machte. Heute sind die Begriffe »Inklusion«, »Integration« und »Diversität« in aller Munde.

Zum Glück interessierte sich doch der eine oder andere Mensch aus meinem beruflichen und privaten Umfeld für mich. Auch hatte ich lockere Bekanntschaften. Im Nachhinein schmeichelt es, wenn ein Jahr lang jeden Mittwoch ein junger Mann mit dem Fahrrad 18 km aus der nächsten Stadt fuhr, nur um mich zu sehen und mit mir die Blumen im Garten zu gießen. Ich hatte insgesamt drei platonische intensive Freundschaften, die ich sehr genoss.

Mit 15 lernte ich meinen ersten »richtigen« Freund kennen. Ich wurde sofort in seiner Familie gern und gut aufgenommen. Bei ihnen ging es entspannter zu als bei uns, sie betrachteten mich als in Ordnung, sogar als richtig wertvoll und waren froh, dass ihr Sohn jemanden wie mich zur Freundin hatte. Ich war gern bei ihnen. Dort konnte ich so sein, wie ich wollte. Ich kam an und wurde wertgeschätzt. Ich fing an, zwei Leben zu leben. Zu Hause war ich angepasst, brav und ordentlich gekleidet, trug keine Jeans mit Fransen, arbeitete fleißig. In diesem anderen Umfeld gab ich mich lockerer, wilder und selbstbewusster. Ich war neugierig und offen für alles. Ich holte mit dem Opa die Kühe heim und ging mit zu Fußballspielen, trug Jeans. Ich tanzte leidenschaftlich oft die ganze Nacht hindurch – und ging mit Löchern in den Schuhen nach Hause.

Ich war anders. Ich hatte andere Erwartungen an mich und an das Leben, ich passte mich nicht an, fügte mich nicht ein in die engen Grenzen meines Zuhauses. Jeans zog ich heimlich an, da dieses Kleidungsstück meiner Mutter »nicht ins Haus kam«. Also trug ich es in einem anderen Haus – bei meinem damaligen Freund. Doch richtig wohl fühlte ich mich dabei nicht. Die Eltern meines Freundes konnten mich gut verstehen, sie standen hinter mir. Mein Freund fand großen Anklang bei meinem Vater, er war ein richtiger Junge, ein junger Mann. Er konnte anpacken, spielte Fußball, war ein leicht draufgängerischer Typ. Mein Vater verstand sich mit ihm gut. Zu gut. Zunehmend spürte ich, wie mein Vater ihn vereinnahmte und mit einplante. Das machte mich hellhörig. Ich wollte einen Mann für mich und nicht für meinen Vater.

Mit 18 Jahren trennte ich mich von meinem Freund. Das kam bei meinem Vater nicht gut an, war er doch froh, dass ich »in sicheren Händen« war. Und auch den nächsten heiratete ich nicht.

Grundsätzlich merkte ich: Für andere war ich in Ordnung – nur leider passte ich zu Hause nicht hinein. Ich passte mich an, nahm mich zurück und nach wie vor gehörte es zu meinen Pflichten, samstags die Backstube zu putzen – jetzt ohne Gesang.

Reflexion
Nicht zu denen zu gehören, die mir am Herzen liegen – damit kann ich bis heute noch schlecht umgehen, denn es bedeutet Ablehnung. Darunter leide ich als Mensch einer Beziehungsgeneration inmitten von rationell geprägten Menschen. Es hat mich verletzt zu hören: »Du bist so anders.« Es bedeutete keine generelle Ablehnung, jedoch auch kein echtes Bedürfnis, mich verstehen zu wollen. Ich gehörte nicht dazu, war nicht so wertvoll und wichtig, wurde nicht so akzeptiert, wie ich nun mal bin. Ich entsprach nicht der Norm.

Heute weiß ich, dass sich meine Familie nicht mit Vorsatz so verhalten hat. Jeder Mensch handelt entlang seines geistigen Horizonts oder entlang der den jeweiligen Zeitgeist prägenden Werte. Geschmerzt hat es dennoch.

Die Zeit zwischen 12 und 19 Jahren ist eine Zeit, die uns einlädt, in Beziehung zu treten. Wir treten zum einen zu uns selbst in Beziehung, d. h. wir nehmen uns selbst mit unseren Bedürfnissen und Wünschen wahr und beachten sie: »Wie geht es mir? Wie fühle ich mich? Was will ich? Setze ich Grenzen, wenn ich mich nicht respektiert fühle?« Zum anderen fragen wir uns: »Wie gelingt es mir, Beziehungen zu anderen aufzubauen? Hatte ich stabile Freundschaften? Welche Erfahrungen habe ich mit dem anderen Geschlecht gemacht? Wie waren meine ersten sexuellen Erfahrungen?

Wie habe ich gelernt, Konflikte zu lösen? Inwieweit habe ich Erfahrungen sammeln können, dass auch bei völlig konträren Sichtweisen, Standpunkten eine Einigung möglich ist?«

In dieser Zeit lernen wir »geistig laufen«. Das ist genauso bedeutungsvoll wie das körperliche Laufen lernen. Wir entwickeln erste eigene Vorstellungen von unserem Leben und lernen, wie wir Konflikte lösen können. Wir erleben, auf welche Art und Weise wir uns durchsetzen und unser Leben entfalten können. Wir bekommen Vorstellungen darüber, welche Art von Beziehung für uns infrage kommen wird.

Dabei können wir lernen, in uns selbst hineinzuhören und uns selbst und unsere Gefühle wahrzunehmen, oder wir lernen, es allen anderen recht zu machen und uns selbst hintenanzustellen. Wir entwickeln und manifestieren Verhaltensaspekte, mit denen wir durchs Leben gehen werden.

Auf diese Verhaltensweisen werden wir auch später zurückgreifen. Das ist gut, wenn die Verhaltensweisen oder Gewohnheiten uns helfen, unser Leben aktiv und bewusst zu gestalten. Es ist weniger schön, wenn wir damit andere verletzen oder uns selbst durch negative Verhaltensweisen schaden.

Ängste entstehen aus emotionalen Spannungszuständen. Sie werden in uns programmiert in den ersten drei Lebensphasen: In der Lebensphase 1 ist es die Angst vor Unsicherheit und vor dem Unbekannten, die Unfähigkeit, Beziehungen zueinander zu spüren und aufzubauen. Es entsteht Kälte oder auch Hass. In der Lebensphase 2 ist es die Angst vor Versagen bzw. Misslingen: »Ich bin nicht gut genug.« In der Lebensphase 3 ist es die Angst vor Ablehnung; wir trauen uns nicht, unsere wahre Meinung zu sagen und unsere Gefühle zu zeigen. Menschen machen ihr Verhalten von anderen abhängig.[4] Jede weitere Lebensphase lädt uns ein, weiterzuwachsen, zu reifen, unsere Persönlichkeit zu entfalten und neue Verhaltensmuster in unsere Persönlichkeit zu implementieren. Ich kann nur empfehlen, offen zu sein für zusätzliche Impulse, die Ihnen Ihr Umfeld bietet.

Ich persönlich habe die Konfrontation mit meinen Eltern gesucht und für mich tragbare Lösungen gefunden. Nach einiger Zeit war das auch für meinen Vater der Fall und wir redeten wieder miteinander. Rückblickend stelle ich fest, dass meine Mutter sich oft bei meinen Auseinandersetzungen mit meinem Vater herausgehalten hat. Konnte sie mich verstehen und hat es nicht öffentlich gesagt?

Mittlerweile habe ich meinem Vater sein Desinteresse mir gegenüber verziehen. Er gehörte einer anderen Generation an, der Kriegsgeneration, und er war durch den Krieg geprägt. Wahrscheinlich hat er auch zahlreiche seelische Verletzungen erlitten, die er nicht aufgearbeitet hat. Damals blieben Themen wie Selbstreflexion, Achtsamkeit, Aufarbeitung oder Selbstliebe einfach auf der Strecke.

Heute weiß ich: Jede Generation hat ihr eigenes Stigma. Wie sollte mein Vater auch mit einem Beziehungsmenschen wie mir umgehen? Was erwartet jeder Einzelne an Zuwendung von einem Menschen? Wie oft überfordern wir andere, die diese Bedürfnisse nicht einmal kennen?

Zuwendungen, die uns nicht vertraut sind, die wir nicht kennenlernen durften, können wir auch nicht geben – und nicht genießen.

Es wäre schön, wenn wir früher erkennen könnten, was der andere emotional zu leisten vermag. Ich konnte das als Jugendliche nicht erkennen, und meinem Vater fehlte das Verständnis für eine junge Frau. Damit fehlte ihm auch die Toleranz. Vielleicht ist gerade daraus meine eigene große Toleranz erwachsen, die ich anderen entgegenbringe.

Reflexion
Mit dem oft zitierten Spruch meines Vaters »Im Schweiße deines Angesichts musst du dein Geld verdienen« konnte ich überhaupt nichts anfangen. »Ich nicht« habe ich mir schon als junges Mädchen gedacht. Es muss doch möglich sein, mit Spaß und Freude Geld zu verdienen. So habe ich das nie gesehen, wollte ich auch nicht sehen. Es gibt immer mehrere Wege. Ich kannte bereits zahlreiche Modelle durch die vielen Menschen, die bei uns im Geschäft ein und aus gingen.

Ein Satz, den ich später von Nikolaus E. Enkelmann gehört habe, einem mir sehr wichtigen Mentor und Wegbegleiter, lautet: »Beachtung bringt Verstärkung, Nicht-Beachtung Befreiung«.[4]

Je mehr wir also eine Sache oder eine Person beachten, desto mehr Macht geben wir dieser auch über uns. Das gilt für positive und negative Haltungen oder Gedanken. Ich habe mich im Leben unbewusst sehr früh für die Beachtung des Positiven entschieden und Menschen aufgesucht, die schon waren, wo ich noch hinwollte.

Mit 17 wusste ich noch nicht, was ich beruflich machen wollte. Heute weiß ich, dass die moderne Entwicklungswissenschaft hierfür Raum gibt bis zum 25. Lebensjahr.[1] Wichtig für soziale Entscheidungsprozesse und die ICH-Entwicklung ist die Entwicklung des präfrontalen Kortex, die erst im Alter von 24, 25 Jahren abgeschlossen ist. Und das ist entscheidend für unser Handeln und Verhalten und wichtig, um einen Menschen als »erwachsen« zu bezeichnen.

Doch ich wusste immer, was mir Freude bereitet: Sport, Religion, Zeichnen, Deutsch. Ich wollte Tänzerin beim Deutschen Fernsehballett werden. Mein Vater entschied, dass mein beruflicher Weg zum Finanzamt, zu einer Bank oder einer Krankenkasse führen sollte, alles sichere Arbeitgeber. »Wenn sie dann mal verheiratet ist, kann sie dort weiter tätig sein und für ein Zusatzeinkommen sorgen, ist in der Nähe und kann in der Bäckerei mithelfen.« Dieses Verständnis von Arbeit war gewiss gut gemeint. Denn ich selbst wusste nicht, was ich wollte – wusste noch nicht, was ich konnte.

Im Nachhinein finde ich, dass ich Glück hatte: Meine Bewerbung beim Finanzamt kam zu spät, von der Krankenkasse bekam ich eine Absage. Die Bank hatte sich für mich entschieden. Sie bot mir später vielfältige Bereiche, in denen ich meine Fähigkeiten einbringen konnte. Doch bis dahin war es noch ein langer Weg. Bereits in der ersten Woche wollte ich eigentlich wieder aufhören. Meiner Kollegin und Leidensgenossin, die mit mir angefangen hatte, erging es genauso. So steif, so korrekt, diese konservative Haltung, diese perfekten Menschen – so haben wir die Mitarbeiter und Führungskräfte wahrgenommen –, das war nichts für uns: Ich sehe uns heute noch am Hinterausgang der Sparkasse sitzen und überlegen, wie wir »aus dieser Nummer« wieder herauskommen könnten.

Lebensphase 4
Ich entdecke meine Stärken

19 Jahre bis 25 Jahre – Ich-Vertrauen entwickeln
Die Ur-Bejahung der Welt: »Ich bin mir meines Wertes und meiner selbst bewusst und kann die Gegenwart bejahen.« Wir probieren aus, wir lernen, wir verstehen, wir machen unsere eigenen Erfahrungen.

Thema: sich selbst vertrauen, sich und die Liebe erproben

Fragen: Welches Handeln führt zu welchem Erfolg? Was in der Welt bedeutet mir viel? Wie sieht mein Bekanntenkreis aus? Glaube ich an mich selbst? Wie erfolgt meine Berufswahl? Welchen Beruf erlerne ich?

Zum Glück sind wir bei der Sparkasse geblieben, meine Kollegin sogar bis heute. In meiner Ausbildungszeit war ich immer gern im Kundenkontakt. Ich wurde in den unterschiedlichsten Kommunikationsschnittstellen eingesetzt: am Schalter, in der Telefonzentrale, am Empfang. In der Kreditabteilung habe ich z. B. nie gearbeitet. Ich habe mich auch nicht darum bemüht. Ich war immer froh, wenn ich woanders gebraucht wurde. Heute weiß ich weshalb: Mir lag schon immer der Umgang mit Menschen mehr als das Arbeiten mit abstrakten Zahlen und Fakten, Kleinkram und Detailarbeit schon gar nicht.

Unser Marketingleiter verstand es, mich mit seinen internen Weiterbildungen »Umgang mit Kunden – freundlich und professionell« für das Thema Kundenorientierung in der Sparkasse zu begeistern. Mich faszinierten das Wissen über das Verhalten der Menschen und die Einflussmöglichkeiten beim Aufbau von vertrauensvollen Beziehungen. Durch diesen Chef wurde mir bewusst, dass ich ein enormes Potenzial auf diesem Gebiet entwickeln konnte. Ich fühlte mich zu diesen Themen hingezogen.

Viel Freude empfand ich auch bei der Arbeit in der Wertpapierabteilung. Durch einen geschickten Kauf der neu eingeführten Infineon-Aktie konnte ich mir mein erstes Auto leisten. Meine Prüfung bestand ich hauptsächlich aufgrund meiner mündlichen Fähigkeiten. Noch wichtiger als ein erfolgreicher Abschluss meiner Ausbildung zur Bankkauffrau war für mich das Bestehen des Führerscheins. Dieser bedeutete für mich Unabhängigkeit, Freiheit und Mobilität.

Ich war voller Neugierde und Wissensdurst auf die Welt in der Sparkasse. Wie leben und gestalten andere ihr privates und berufliches Leben? Die meisten meiner Kollegen liebten ihren Beruf, waren gern in der Bank tätig und freuten sich auf den täglichen Kontakt mit Kollegen. Ich erfuhr aber auch, dass nicht jeder, der verheiratet ist, auch ein glückliches Leben führt.

Die Sparkasse kam mir vor wie eine große Familie. Ich habe viel von meinen Kollegen für das Leben gelernt. In unserem Frühstücksräumchen im Untergeschoss wurde zum Teil sehr offen über private Themen gesprochen. Manche Kollegin kommunizierte so offen, dass ich rot wurde, wenn sie über intime Themen sprach. Ich traf auf Kollegen und Kolleginnen, die sich in angenehmen oder fantastischen Lebensumständen befanden, die viel reisten, geliebt, verehrt und verwöhnt wurden, Besitz hatten, einen großen Garten und manchmal auch einen Swimmingpool.

Ich war nie neidisch, ich habe immer nur bei anderen geschaut, was mir gefallen könnte, was ich von meinen Wünschen selbst in klare Ziele umsetzen könnte.

Ich hatte verschiedene Freundeskreise, mit denen ich unterschiedlichste Freizeitaktivitäten betrieb. Ich konnte sehr gut allein sein, las Bücher, eiferte Fred Astaire und Ginger Rogers nach, indem ich Stepptanz lernte. Die Aerobic-Welle erwischte auch mich mit dem richtigen Style – mein Vorbild war Sydne Rome. Zum Tanzen fuhr ich nach Würzburg ins Paramount oder ins Dorian Gray im Frankfurter Flughafen. Spätabends ließ ich die Nacht in Fuldaer Bars ausklingen.

Der einzigartige Weg über die Bank, bei der ich meine Ausbildung gemacht hatte und in der ich Verantwortung übernahm, führte zu meiner späteren Tätigkeit im Marketingbereich, bei der ich Menschen für den Beruf Bankkauffrau/-mann begeistern konnte und das bis zu meiner Selbstständigkeit.

Als ich 21 war, machte ich eine bedeutsame Erfahrung, die mich später inspirierte, andere berufliche Wege in Erwägung zu ziehen. Ich war zu Gast auf einer Modenschau in unserer Region. Die Models waren »Hausmodels«. Ich dachte: »Das kann ich auch.«

Ich bot mich also bei einer nächsten Modenschau als Model an. Mein Auftritt wurde zum Desaster: In der ersten Reihe saß die Ehefrau eines Direktors meiner Bank. Niemals hätte ich sie bei einer Modenschau vermutet! Ich lief stocksteif, fixierte mich völlig auf diese Frau. Erinnern Sie sich noch? Beachtung bringt Verstärkung. Natürlich erhielt ich kein weiteres Engagement. Daran hatte ich eine Weile zu knabbern.

Immer wieder halfen mir Menschen, meinen geistigen Horizont zu erweitern. Nach einer Einladung in Frankfurt kam ich an einem großen Schild vorbei: »Ladyschool. Die Schule der Dame«. Bisher wusste ich nicht einmal, dass es so etwas überhaupt gibt. Dass »Dame sein« erlernbar sein könnte, ging mir nicht mehr aus dem Kopf.

Wenn ich einen Wunsch oder eine Vorstellung hatte und habe, dann ist der Weg bis zur Umsetzung nicht weit. Ich war von Michaela Lackmayer, der Chefin der »Ladyschool«, von Anfang an begeistert: eine schöne Frau von 33 Jahren mit blonden, lockigen Haaren, ein sehr freundliches, harmonisches Wesen mit wunderbarer Ausstrahlung und warmen Augen. Nach dem ersten Gespräch war meine Neugierde geweckt. Als ich ihr von meinem verpatzten Ausflug in die Mannequinwelt erzählte, lachte sie und meinte, man könne das bei ihr professionell lernen.

Drei Tage später rief ich in der »Ladyschool« an und bat um Unterlagen. Ich war sehr naiv und gab die Adresse meiner Eltern an. Die Post kam prompt, meine Mutter erwähnte einen Brief aus Frankfurt, eine Mannequinschule. Nachdem ich ihr alles erklärt hatte, zerriss sie die Unterlagen vor meinen Augen. »So was kommt gar nicht infrage.« Ich weinte bitterlich.

Damals war ich bereits mit meinem späteren Ehemann liiert. Er wohnte in der Stadt und hatte eine eigene, sehr schöne Wohnung. Also rief ich in der »Ladyschool« an und bat darum, mir die Unterlagen erneut zuzusenden, diesmal an die Adresse meines Partners. Die Unterlagen kamen, ich meldete mich an und bat meinen Mann, niemandem etwas zu sagen. Da er den Kontakt zu meinen Eltern sowieso nicht sehr schätzte, war sein Schweigen nicht schwer einzuhalten.

3.000 DM kostete diese Ausbildung. Das war es mir wert. Es hat mir viel Freude gemacht, ein Jahr lang jede Woche mit dem Zug um 16:45 Uhr nach Frankfurt zu fahren und um 22 Uhr wieder nach Fulda zurückzukehren. Die Leiterin dieser »Ladyschool« lebte mit dem Gründer der Verkaufsleiterakademie in Frankfurt. Auch von ihm konnte ich viel lernen.

Ein weiterer Wegbegleiter und Freund war Oberstudienrat an einem Gymnasium in Darmstadt. Wie Frau Lackmayer war er einst aus Tschechien nach Deutschland gekommen. Er war das krasse Gegenteil von ihr: Sie trat immer als Lady auf, ihm war es egal, wie er aussah.

Ich musste immer schmunzeln, wenn besondere Klienten oder Gäste kamen und sie ihm mit tschechischem Akzent empfahl: »Godwin, du siehst aus wie aus der Mülltonne, du gehst jetzt besser.« Dann zog er sich zurück.

Sie waren sehr wertvolle Menschen für mich, die mir Mut machten. Sie fanden mich mit meinen honigfarben-rotblonden Haaren und Sommersprossen hübsch, glaubten an mich und meine Fähigkeiten, inspirierten mich, meinen Weg zu gehen.

Zum erfolgreichen Abschluss erhielt ich mein Zertifikat und meine eigene Sedcard. Ich war mächtig stolz, wenn ich in der Alten Oper zusammen mit meinen Ausbildungskollegen und -kolleginnen Modenschauen als Mannequin mitgestalten durfte.

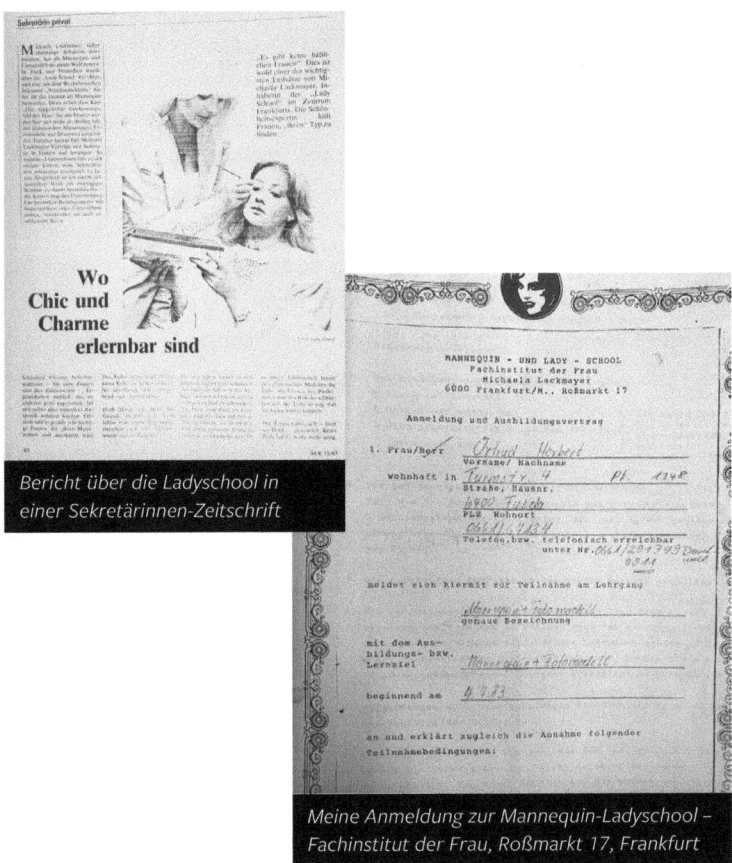

Bericht über die Ladyschool in einer Sekretärinnen-Zeitschrift

Meine Anmeldung zur Mannequin-Ladyschool – Fachinstitut der Frau, Roßmarkt 17, Frankfurt

Meine Sedcard – was war ich stolz!

Ausbildung in der Ladyschool: Frau Lackmayer, eine Ausbildungskollegin und ich

Ich wollte dieses Wissen auf jeden Fall weitergeben. Ich verspürte einen starken Wunsch, auch andere Menschen zu mehr Selbstbewusstsein und sicherem Auftreten zu verhelfen und mein Wissen um Auftritt, Körpersprache und Stil weiterzugeben.

Als Bankkauffrau war mir auch klar, dass ich meine 3.000 DM zurückbekommen wollte. Der sogenannte »Return of Invest« war mir wichtig. Also bewarb ich mich sowohl bei unterschiedlichen Modeunternehmen als auch direkt bei der Messe Frankfurt. Zwei Frauen nahmen mich dort in Augenschein. »Zu klein, zu wenig Oberweite und offensichtlich ein Bein kürzer als das andere«

– das ging gar nicht! Sehr vorteilhaft war ich bei diesem Vorstellungstermin allerdings nicht gekleidet. Der rostrote Hosenanzug war zwar sündhaft teuer, doch er war in der Mitte durch einen Gürtel gebunden, die Hose endete über den Knöcheln, kurz: völlig unvorteilhaft.

Ich habe mich dennoch nicht entmutigen lassen. Ich knabberte zwar lange an diesem Feedback herum, kam aber dann zum Entschluss: »Jetzt erst recht!« Dieses Feedback hat mir meine Schwächen bewusst gemacht und zu neuen Erkenntnissen geführt, die ich danach für mich und meine Ziele umsetzen konnte.

Die Tatsache, dass ein Mensch eigene Fehler und Schwächen selbstkritisch erkennt, intensiv daran arbeitet und die neuen Erkenntnisse anschließend aktiv für sich und seine Ziele positiv umsetzt, macht ihn erfolgreich und unterscheidet ihn von einem erfolglosen Menschen.

Das tat ich dann: In Fulda hatte ich Kontakt zu einer sehr exponierten und sehr extrovertierten Inhaberin eines Modegeschäfts, das in Fulda als »Geheimtipp« für extravagante Kleidung galt. Da sie Modenschauen gestalten wollte, habe ich für sie Mannequins und Dressmen ausgebildet sowie Formationen und Modenschauen konzipiert. Wir präsentierten unsere Mode zu dieser Zeit auf sehr revolutionäre Art. Die Nachfrage war groß und Mannequin wollten viele werden.

Dennoch bewarb ich mich selbst weiterhin bei diversen Modeherstellern als Mannequin auf Modemessen. Noch heute habe ich Kontakt zu einem für mich besonders wertvollen Unternehmerehepaar. Mein Vorstellungstermin fand in deren Modeatelier statt, umgeben von Stoffen, halb entworfenen Kleidern und zahlreichen Kleiderstangen mit fertigen Kleidern. Ich war fasziniert. Noch heute höre ich den Ehemann sagen: »Was meinst du, Ilona, eine recht stattliche Erscheinung. Wir probieren es mit ihr.«

Als eine der ganz wenigen unserer Ausbildungsreihe in der »Ladyschool« in Frankfurt habe ich zehn Jahre lang auf Modemessen in Düsseldorf, München, später sogar in Leipzig als Mannequin gearbeitet. Die Investition in meine Ausbildung hatte sich mehr als gelohnt, sowohl finanziell als auch für meine persönliche Entwicklung. Neben Etikette, Stil, Profil und Small Talk hatte ich vor allem das professionelle Agieren auf Modenschauen gelernt. Ich verfeinerte dadurch immer mehr mein Know-how, das ich für meine Inszenierungen und unsere Modenschauen in Fulda nutzte. Ein Credo der Ladyschool-Chefin lautete stets: »Es gibt keinen hässlichen Menschen. Jeder hat etwas Schönes, es gilt nur, es zu entdecken und zu zeigen.« Immer deutlicher entstand vor meinen Augen die Vorstellung, ein Institut zu betreiben und andere Menschen zu ermutigen, ihre nicht ausgeschöpften Potenziale auf beruflicher und privater Ebene zu entdecken. Es war mir bewusst, dass mir noch viel Wissen fehlte, um in meinem Wirken ein Vollprofi zu werden.

Dieser Ausbildung folgte eine weitere zur Visagistin. Es handelte sich dabei nicht nur um einen Tageskurs. Ich hatte die Adresse von »fernand aubry« VISAGIST Paris, geführt von Madame Mireille in Saarbrücken, entdeckt und fuhr zu dieser hoch angesehenen Visagistin. Dort wurde übrigens das Rehauge der Gina Lollobrigida kreiert.

Auch diese Ausbildung habe ich heimlich absolviert, ohne das Wissen meiner Eltern, denn auch dafür hätten sie kein Verständnis aufgebracht. Meine Schwester arbeitete im elterlichen Betrieb und ich »tingelte« durch die Welt und gab Geld für etwas völlig Nutzloses aus, mit dem man ganz bestimmt nie Geld verdienen konnte. Später folgte noch eine Ausbildung zur Farb- und Stilberaterin »Belnice Cosmetic«. Das kam damals gerade in Mode.

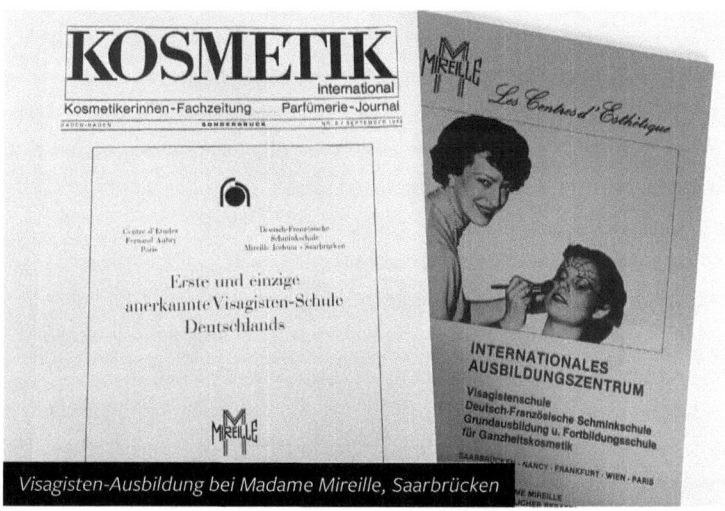

Visagisten-Ausbildung bei Madame Mireille, Saarbrücken

Mein »Doppelleben« flog durch einen Zufall auf: Die Tochter meiner Schwester, mein Patenkind, bekam an einem Freitag Blinddarmschmerzen. Meine Schwester war samstags in der Bäckerei nicht abkömmlich und so bat sie mich, am Samstag ins Krankenhaus zu fahren. Genau an diesem Samstag fuhren wir jedoch wieder zur Modemesse, die am Sonntag beginnen würde und bis Mittwoch dauern sollte. Was tun? Ich wollte die Modemesse auf keinen Fall absagen. Also berichtete ich von meinem Termin und von der Arbeit, die ich bereits seit einigen Jahren machte. Ich erklärte, dass ich die Firma nicht im Regen stehen lassen konnte. Ich dachte, jetzt komme ein Donnerwetter. Doch es hielt sich in Grenzen: »Du ›Schengleich‹«, sagte meine Mutter am Telefon – sie benutzte ein lieb gemeintes Schimpfwort für jemanden, der etwas schlitzohrig ist. Ich merkte, so richtig böse war sie nicht. Ich glaubte sogar, ein wenig Stolz zu spüren. Als ich meine Eltern das nächste Mal traf, wurde nicht mehr darüber gesprochen. Es war nun bekannt und gut. Und keiner interessierte sich weiter für mich und meine Aktivitäten.

Damals war ich zunächst froh, denn ich hatte ein großes Donnerwetter erwartet, das nun ausblieb. Ich war erleichtert, nicht mehr heimlich arbeiten zu müssen. Ich konnte sagen, dass ich für drei Tage auf eine Messe fahre und musste mich nicht mehr durchschummeln. Wenn ich zurückkam, interessierte sich allerdings niemand zu Hause für meine Erlebnisse auf den Modemessen oder für mich. Meine Euphorie und meine schönen Erlebnisse konnte ich mit niemandem teilen. Es tat mir sehr weh, in meiner Familie nicht dazuzugehören, herzlich und offen über mich selbst, meine Erlebnisse, Pläne, Wünsche und Träume sprechen zu können. Ich gab mir selbst eine fadenscheinige Erklärung: Es war für meine Eltern nicht leicht. Wie hätte meine Schwester reagiert, wenn sie mir mehr Zuwendung geschenkt hätten? Sie wollten Konflikte mit ihr vermeiden und konzentrierten sich ausschließlich auf sie.

Wenngleich ich durch mein abwechslungsreiches Leben damals mit dieser Missachtung scheinbar ganz gut zurechtkam, hat mich dieses Schweigen, dieses »Luft sein« geprägt. Noch heute empfinde ich Missachtung als schlimmste, kaum ertragbare Strafe und kann damit nur schwer umgehen.

Später sagte mein Vater einmal zu mir: »Ich weiß, ich bin Dir nicht fein genug.« Nicht fein genug? Das stimmte nicht, ich mochte seine Lebensart. Mir waren nur zusätzlich noch andere Dinge wichtig geworden. Mein Vater sagte auch: »Hätte ich gewusst, was aus dir durch die Bank werden wird, hätte ich dich gegenüber auf dem Bauernhof im Stall arbeiten lassen.«

Ich war erschüttert. Ich dachte, er wäre stolz auf mich, stolz darauf, dass ich Ehrgeiz entwickelte, dass ich meinen Weg ging und mehr vom Leben wollte. Er war doch auch Unternehmer! Diese harten Worte taten sehr weh. Ich konnte nicht glauben, dass mein Vater wirklich so dachte. Erst viel später habe ich begriffen, dass er mit festen Wertvorstellungen und Überzeugungen seiner erlebten Zeit lebte. Wenn diese nicht immer wieder auf den Prüfstand des Zeitgeistes gestellt werden, können sie zerstörerisch wirken, für die eigene Person und für das Umfeld

Reflexion
Programmierungen bestimmen, wie wir Menschen uns selbst, andere und die Umwelt wahrnehmen. Unser Selbstbild entsteht durch unser Umfeld. In ihm werden Anerkennung oder Ablehnung deutlich. Es wird geprägt von Menschen, die uns durch ihre Augen – mit ihren Werten und Überzeugungen – betrachten, bewerten und sagen, was gut ist, was schlecht ist und wie wir sein dürfen. Menschen zieht es immer dorthin, wo ihr Selbstwertgefühl nicht verletzt wird.

Welche Menschen gestalten für jeden Einzelnen von uns das persönliche Umfeld? Welche Menschen gestalten aktuell Ihre Welt?

Angetrieben durch meine Neugierde auf das Leben und seine Möglichkeiten, habe ich jede Chance ergriffen und war bereit, einen Preis dafür zu zahlen. Ich lernte tolle Menschen kennen, die meinen Horizont und meinen Blick auf die Welt erweitert haben.

In der Lebensphase von 19 bis 25 Jahren geht es um die Entwicklung unseres Ich-Vertrauens. Dabei hat mich mein inneres Navi gelenkt. Ich folgte meinem Kairos und erlebte Kairosmomente, Momente, in denen ein Mensch die Bedingungen erlebt, die er an sein Leben stellen sollte. Das wusste ich seinerzeit noch nicht. Ich wurde von einer unbewussten Intensität getrieben, meinen Weg zu gehen – mit all seinen Konsequenzen.

Es heißt also: hinaus ins Leben, ausprobieren, Erfahrungen sammeln, auf die Nase fallen und es weiter versuchen. Ruhig mal anecken, lernen, mit der Tatsache umzugehen, dass sich Menschen (eine Zeit lang) abwenden. In dieser Phase ist es völlig in Ordnung, Fehler zu machen, auch einmal Misserfolge zu erleben. Denn nur so entstehen Erfahrungen über das Können und Wollen. Wachsen können wir nur, wenn wir Feedback zulassen. Die Meinung anderer hat nur die Macht, die wir ihr geben.

Mut macht Mut, Angst macht Angst.

Fragen Sie sich: Welche Menschen nehmen auf Sie Einfluss? Von welchen Menschen ist Ihnen ein Feedback wichtig? Denn: Wir schätzen Menschen, die uns schätzen. Wir sollten stets auf der Suche nach Menschen sein, die einen ähnlichen Horizont mitbringen oder die bereits dort stehen, wo wir unsere Wünsche, Träume und Ziele sehen. Menschen, die uns aufbauen, an uns glauben und uns guttun. Das bedeutet nicht, dass sie uns nur nach dem Mund reden, sondern dass sie uns wohlwollende Kritik und wohlwollendes Feedback geben. Wer nicht die gleichen Werte hat, kann uns keine guten Ratschläge erteilen. Ein genauer Blick ist wichtig, um zu klären: Ist mein Gegenüber überhaupt in der Lage, mich zu begreifen und meine Motive zu verstehen?

Wir wissen nicht, was wir nicht wissen. Was uns unbekannt ist, verbirgt so viele Möglichkeiten und Chancen. Diesen Raum zu verkleinern, ist eine Lebensaufgabe. Die meisten Menschen nutzen gerade einmal ein Drittel ihrer Fähigkeiten, zwei Drittel liegen brach, sind ungenutzt. Unseren geistigen Horizont zu erweitern, heißt, Dinge mit anderen Augen sehen zu können, einen Perspektivwechsel vornehmen zu können. Dabei helfen uns oft Modelle, durch die wir komplexe Zusammenhänge besser begreifen und verstehen. Auch heute noch bin ich voller Neugier auf das Leben, offen für Unbekanntes und gehe gern auf Entdeckungsreise. Neugierde hält jung. Eine kommunikationswissenschaftliche Grundlage in vielen meiner Veranstaltungen bietet das Johari-Fenster[5] als Basis für einen konstruktiven, offenen und fairen Umgang mit sich selbst und anderen Menschen. Als ich es kennenlernen durfte, habe ich erkannt, dass ich mich durch die Fassade, die ich in meinem Elternhaus zeigte, selbst in ein ungünstiges Licht gesetzt habe. Doch ich hatte seinerzeit keine andere Wahl, um meinen Weg möglich zu machen. Die Zeit war noch nicht reif für offene Diskussionen und die Beteiligten waren dazu nicht bereit. Diese Fassade habe ich auch in späteren Lebensphasen meinen Eltern gegenüber aufrechterhalten, denn sie schützte mich.

Das Johari-Fenster

Selbst- und Fremdbild

Nicht immer entspricht das Bild, das ein Mensch von sich selbst hat, dem Bild, das Außenstehende von ihm haben. Basis für jedes Selbst- bzw. Fremdbild ist die Wahrnehmung. Sie ist geprägt durch den ersten Eindruck, das Verhalten, die Beobachtung der Kommunikation der anderen Person und durch Informationen von anderen. Das meiste läuft unbewusst ab. Was uns dabei beschäftigt, ist die Frage, inwieweit das Bild, das wir uns von uns selbst machen, mit dem übereinstimmt, das andere sich in der Kommunikation mit uns gemacht haben. Grundsätzlich ist die Kommunikation unkomplizierter, je besser Selbstbild und Fremdbild sich decken. Die bildliche Erklärung der Fremd- und Selbsteinschätzung liefert das Modell des Johari-Fensters, benannt nach den amerikanischen Sozialpsychologen Joseph Luft und Harry Ingham.[5]

Die Arena

Die Arena ist der Person selbst und ihrer Umgebung bekannt. Hier zeigen sich die öffentlichen Anteile einer Person im Bereich des sichtbaren Handelns, der Tatsachen und Sachverhalte. Selbst- und Fremdeinschätzung stimmen hier überein.

Die Fassade oder Maske

Sie verbirgt sehr bewusst Dinge vor den anderen. Es ist der Bereich der privaten Person. Hier sind intime Wünsche und Ängste, Einstellungen und Gefühle zu verorten. Dieser Bereich dient dem Schutz des eigenen Ichs. Je größer das Vertrauen zu anderen ist, desto kleiner ist dieser Bereich.

Diese beiden Fenster zeigen unsere angelernte Art, durch die Welt zu gehen – unser Selbstbild. Was darf ich zeigen, was nicht? Dahinter stehen Glaubenssätze wie: »Erzähle nicht alles allen«, »Rede nur, wenn du gefragt wirst« oder »Trau, schau, wem«. Das sind Glaubenssätze, die uns unbewusst lenken. Die Fenster der Arena und der Fassade sind uns unbewusst vertraut, sind Verhaltensweisen, welche wir gelernt haben.

Blinder Fleck

Im Bereich des blinden Flecks befinden sich die Anteile einer Person, die ihr selbst nicht bewusst sind, wohl aber der Umgebung. Dazu gehören unbewusste Gewohnheiten, wie z. B. im Gespräch den Augenkontakt zu vermeiden, oder oft das Wort »okay« zu verwenden. Fragen sind meist klärend: »Was denken Sie gerade?« oder »Was läuft gut und wo ist Handlungsbedarf?« Je kleiner der blinde Fleck ist, desto reibungsloser verläuft die Kommunikation. Ein regelmäßiges Feedback kann den blinden Fleck verkleinern.

Unausgeschöpfte Potenziale: Ich weiß nicht – was ich nicht weiß
Dieser Bereich ist verborgenen Talenten und ungenutzten Begabungen vorbehalten. Er ist weder der Person selbst noch dem Umfeld bekannt. Je mehr die Person gefordert und gefördert wird, desto geringeren Raum nimmt dieser Bereich ein.

Ich erlebe oft, dass Menschen gegen ihren Willen an Seminaren teilnehmen müssen. Und dementsprechend unmotiviert und abweisend sind sie zu Beginn. Klar, sie erkennen den Nutzen des Seminars noch nicht. Ich freue mich immer, wenn genau diese Menschen am Ende sagen: »Das war so interessant, das oder das werde ich ab sofort mit in mein Leben nehmen.« – Wie groß ist Ihr Fenster der unausgeschöpften Potenziale?

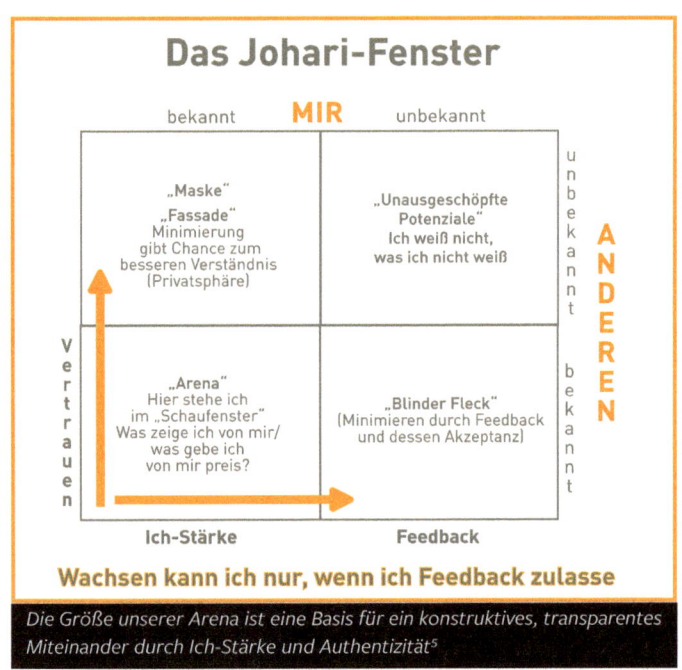

Anwendung

Das Johari-Fenster als Analysetool kann seinen Fokus auf Einzelpersonen und auf Gruppenprozesse setzen. In der Kommunikation findet es Anwendung im Feedback, hier sind vor allem die Bereiche der Arena und des blinden Flecks relevant. Ebenso ist es anwendbar für Beziehungen zwischen verschiedenen Gruppen, sowohl beruflich als auch privat, denn auch hier gibt es öffentliche Bereiche und sehr oft große blinde Flecke.

Mit 23 war ich in der Marketingabteilung meiner Bank angekommen und konnte meine wirklichen Talente einbringen: Ich entwickelte Projekte für den Jugendmarkt, organisierte Events, begeisterte Menschen für das Berufsbild Bankkauffrau/-mann, unterhielt Kontakte mit Schulen. Hier war ich mit meinen Werten, Überzeugungen und meiner Vorstellung von Arbeit im Einklang. Ein Jahr später habe ich geheiratet. Damit ich auch zukünftig meinen Arbeitsplatz attraktiv gestalten konnte, schrieb ich mich für ein Studium zur Bankbetriebswirtin ein. In meinem Elternhaus stieß ich damit auf keinerlei Verständnis; diese Ausbildung fand auch noch samstags statt und an diesem Wochentag war ich zu Hause fest eingeplant, um die Backstube zu putzen und den Hof zu kehren. Waren hier die väterliche und mütterliche Haltung zu sehr von Eigennutz bestimmt? Erst viel später begriff ich, dass sie nicht anders denken konnten. In der Zeit, in der sie groß geworden waren, herrschten andere Regeln, Werte und Grundsätze als heute im Hinblick auf die Rolle eigener Kinder.

Auch im Arbeitsleben herrschten ähnlich tradierte Werte damals noch vor: Als Frau mit Ambitionen habe ich einige Erfahrungen auf dem beruflichen Weg machen »dürfen«. Sie waren nicht immer positiv, z. B. bei der Frage eines Parkplatzes in der Tiefgarage für die Marketingabteilung. Mein damaliger Chef ging überall zu Fuß hin. Und wenn er doch ein Auto brauchte, stand ihm ein Dienstwagen zur Verfügung. Ich hatte zahlreiche Fahrten mit meinem privaten Auto zu erledigen. Jede Abteilung und jeder Kundenberater hatten einen Parkplatz in der Tiefgarage, nur meine Abteilung nicht. Da ich ein großes Aufgabengebiet hatte und sehr engagiert war, auch abends Veranstaltungen plante und am Wochenende Präsenz zeigte, z. B. um das Tanzturnier des Tanzsportclubs Fulda in unseren Räumlichkeiten auszurichten und zu betreuen, fand ich es angemessen, mir mit einem Parkplatz und einer Gehaltsanpassung Wertschätzung entgegenzubringen. Mein Chef verwies mich an den Personalrat. Später wurde mir die folgende Argumentation zugetragen: »Die Tornow kommt mit dem Geld nicht klar, die will eine Erhöhung.« Ich war empört und habe mich beschwert. Als Ergebnis erhielt ich etwas später eine Gehaltserhöhung und den Parkplatz.

Als ein neuer Direktor seinen Posten einnahm, dachte ich, dass dies eine neue Chance sei, und bat um ein Gespräch bezüglich meiner Karrieremöglichkeiten im Haus. Seine Antwort: »Als ich meine Frau geheiratet habe, hat diese sofort aufgehört zu arbeiten.« Ich war entsetzt, auf Förderung konnte ich hier offenbar nicht hoffen. Seine Grundhaltung war mir gänzlich fremd, denn ich war in einem Unternehmerhaushalt groß geworden. Für mich war es völlig normal, dass in einer Beziehung auch die Frau arbeitet. Erst viel später habe ich gelernt, dass das damals nicht normal war. Die Zeiten, in denen Frauen ihren Mann fragen mussten, ob sie arbeiten dürfen, waren noch nicht allzu ferne Vergangenheit.

Ich erstand auf einem Flohmarkt ein altes Buch, in Leinen gebunden, mit einer dankbaren Widmung aus dem Jahre 1970. Der Buchtitel hatte mich angezogen: »Lebe begeistert und gewinne«.[6] Das Buch war meine Initialzündung. Aus dem Inhalt: Frank Bettger arbeitete mit 29 Jahren erfolglos und hoffnungslos als Versicherungsagent. Deprimiert und mutlos hatte er seine Stelle aufgegeben, als ihm ein Gedanke kam – und den Schlüssel zu seiner beispiellosen Karriere bildete: Er entdeckte die Kraft des Enthusiasmus, die Kraft von Aufgeschlossenheit und Begeisterung und stellte seine Kunden in den Mittelpunkt. Die Kunst besteht darin, herauszufinden, was der Kunde wirklich möchte, und ihm dann den besten Weg zu zeigen, es zu erreichen. Damit verließ er die Welt des Misserfolgs und entwickelte Schritt für Schritt mit logischer Konsequenz eine Methode, die ihn zum bestbezahlten Verkäufer Amerikas machte.

Ich wollte das ausprobieren. Da ich, wie so viele junge Frauen, ständig unzufrieden mit meiner Figur war – mein Bauch war viel zu dick, ich hatte ein Hohlkreuz – probiere ich so manche Diät aus. Ich stieß dabei auf die »Cambridge Diät«[7]. Sie überzeugte mich sofort, weil diese einfach, schnell und für mich als berufstätige Frau ideal war, denn sie beruht auf Diät-Shakes, die mit einem Trinkpulver angerührt werden. Ich fand, das sollten auch andere wissen und probieren.

Indem ich die Verkaufs-Impulse von Frank Bettger eins zu eins umsetzte, konnte ich den Verkauf dieser Diät ankurbeln. Zu Beginn der Verkaufsgespräche habe ich ein einziges Ziel verfolgt: das eigentliche Verkaufsgespräch zu »verkaufen«. Das ist der »Verkauf vor dem Verkauf«! Anschließend galt es, die Kunst des Fragenstellens zu pflegen. Nicht Behauptungen und Argumente, sondern Fragen können den Weg zum Verkauf ebnen oder andere Menschen für unsere eigene Denkweise gewinnen. Fragen statt sagen! Diese Art der Gesprächsführung eignet sich auch für das private Umfeld. Die Lösung des Problems liegt im Kopf des Gegenübers. Diese Gesetze des Verkaufs haben nach wie vor Gültigkeit, ob online oder bei Face-to-face-Kontakten.

Ich war in kurzer Zeit so erfolgreich, dass ich diverse Incentive-Reisen gewann. »Handle begeistert und du wirst gewinnen.« Stimmt.

Reflexion

Wir bewegen uns immer auf das Ziel hin, mit dem wir uns gedanklich am meisten beschäftigen. Was wir in uns tragen, ziehen wir an. Denn Positives zieht Positives an, Negatives bringt Negatives hervor.

Ich war damals geistig damit beschäftigt, meine Erkenntnisse und Erfahrungen weiterzugeben und gleichzeitig neugierig zu bleiben auf alles, was ich noch nicht wusste.

Zahlreiche Techniken von Frank Bettger habe ich mir zu eigen gemacht, sie sind mir in Fleisch und Blut übergegangen. Die von ihm beschriebenen Verhaltensweisen sind für mich so selbstverständlich wie vorher mein Schweigen und mein Zurücknehmen. »Erst machen wir die Gewohnheit, dann macht die Gewohnheit uns!«

Das ist immer gut, wenn es gute Gewohnheiten sind.

Ein Credo in meinen Führungstrainings ist: »Fragen statt sagen«. Wenn Sie Ihre Hemmungen zu fragen oder Ihre Lebensangst überwinden und Ihr Selbstvertrauen entwickeln wollen, dann besuchen Sie einen Kurs dafür. Nicht irgendeinen, sondern einen Kurs, der zum Sprechen auffordert. Noch heute ist das Thema Rhetorik – die Kunst, andere Menschen zu gewinnen und zu begeistern – ein fester Bestandteil in meinen Weiterbildungen. Denn: Persönlichkeit lässt sich am effektivsten durch Sprache und Körpersprache verändern. »Glaube führt zur Tat, Konzentration zum Erfolg – Wiederholung führt zur Meisterschaft« (Enkelmann).[4]

Im Profisport ist Training ein Garant für Erfolg – weshalb nutzen wir dieses Wissen nicht viel stärker für unsere persönliche Entwicklung? Die größte Befriedigung liegt im festen Bewusstsein, die Dinge nach bestem Können erledigt zu haben. Trainieren Sie deshalb neue Gewohnheiten, die Ihnen helfen, Ihr Leben aktiver, leichter und angenehmer zu gestalten. Aktuelle Untersuchungen zeigen: Wenn Sie 21 Tage regelmäßig eine neue Handlung praktizieren, wird diese zu einem neuen, vertrauten Verhaltensmuster.[8]

Die Lebensphase von 19 bis 25 Jahren lädt uns ein, uns auszuprobieren, Fehler sind erlaubt. Jeder Fehler sollte jedoch nur einmal vorkommen, denn Voraussetzung für persönliches Wachstum ist die Fähigkeit der Selbstreflexion und eine realistische Selbstwahrnehmung. Dafür müssen Sie sich ausprobieren und Feedback erhalten.

Unsere späteren Lebensphasen bauen auf Prägungen aus unseren ersten vier Lebensphasen auf und lenken unbewusst unser Fühlen, Denken, Handeln. Unser Leben bietet uns in allen Lebensphasen die Möglichkeit, zu reifen, uns zu entfalten, unsere Potenziale zu nutzen.

Die Entwicklungsbereiche der menschlichen Entfaltung

Die Kairologie definiert folgende Entwicklungsbereiche:
- Resonanzentfaltung = Beziehung zu anderen Menschen
- Selbstentfaltung = Entwicklung der eigenen Persönlichkeit/Vernunft
- Lebensentfaltung = Gestaltung seines Lebens/Durchsetzungsfähigkeit

Jede Entfaltungsebene folgt einer inneren Logik, alle drei sind auf eine bestimmte Weise miteinander verzahnt.

Die **Resonanzentfaltung** findet in drei Stufen statt: den Stufen des Werdens (Empfangens), des Gestaltens (Weitergeben) und des Bewahrens.

Auf der Ebene der **Selbstentfaltung** (Personalisation) entfaltet das Selbst seine Ganzheit auf einem Weg, der vom getragenen Sein in einem Wir (Familie) über die Ausprägung eines Ich-Bewusstseins bis zur Entwicklung einer eigenen Welt-Vernunft führt.

Auf jeder Ebene findet ein kontinuierlicher Prozess von sich jeweils drei abwechselnden Phasen – Aufbau von Vertrauen, Wissen/Ordnung, Beziehung – statt.

In der **Lebensentfaltung** verbinden sich Selbst- und Resonanzentfaltung zu etwas Neuem, das sich seinen eigenen Lebensraum schaffen will. Jede Kairos-Lebensphase hat diesbezüglich ihre eigene Art von Spannung, die in fünf Spannungsstufen unterteilt wird.

In der Kairologie verbinden sich diese mit den Begriffen Geist, Polarität, Struktur, Handeln und Synthese.

Lebensphase 5
Ich weiß, was für mich richtig ist

25 Jahre bis 32 Jahre – Grundsatzentscheidungen treffen
Günstig für die Unternehmensgründung: Wir wissen, was wir wollen, für immer und ewig. Wir heiraten.

Thema: Begeisterung, Glaube an sich selbst, wählen

Fragen: Welchen Zukunftshorizont baue ich mir auf? Was ist meine Vision – beruflich und privat? Wo will ich hin? Wie groß denke ich?[1]

Meine nächste markante Inspirationsquelle war das Buch: »Machiavelli für Frauen – Strategie und Taktik im Kampf der Geschlechter«[9]. Es ist ein provozierendes Buch, voller Strategien und Taktiken, die wir im Umgang mit Vorgesetzten einsetzen können, oder im Umgang mit Menschen, die uns von der Verwirklichung unserer Wünsche und Ziele abhalten. Dort heißt es: »Weiblichkeit ist ein großer Reichtum und verdient es auch, als solcher behandelt zu werden.« Ich probierte viele Tipps aus und sie funktionierten. Bei der Umsetzung neuer Strategien sind wir gezwungen, aus unserer Komfortzone hervorzukommen. Die Komfortzone zu verlassen erfordert von uns vor allem Mut, Kraft, Zielklarheit, Durchsetzungsvermögen und die Fähigkeit, mit Ablehnung umgehen zu können.

Reflexion
Warum lassen sich Frauen allzu oft von der Erfüllung ihrer Wünsche abhalten? In Verbindung mit Machiavellis Strategien zum Machterhalt analysiert Harriet Rubin Biografien starker Frauen. Mich faszinierte ihr Ansatz.

Sie schreibt: »Die machiavellistische Macht ist von besonders primitiver Natur. Kampf, Krieg, Unterwerfung. Fürstinnen jedoch glauben daran, dass der Feind von heute der Verbündete von morgen ist«.[11] *Eine »Fürstin« ist immer bereit, Strategien zu überdenken und andere Meinungen anzuhören. Hillary Clinton beispielsweise kämpfte nicht wie eine Fürstin. Sie kämpfte, um zu erobern, um andere zu übertreffen.*

Um Erfolg zu haben, sollten Frauen Taktiken anwenden: zielgerichtete Handlungen. Diese sind das »Wie« im Plan der Fürstin, die Strategie ist das »Warum«. Eine Frau kann aktiv sein und doch nichts oder nur wenig über reines Handeln wissen – über die bestimmte, beabsichtigte Art, sich zu verhalten, damit den eigenen Plänen zu dienen und nicht nur eine Aufgabe zu erfüllen. Wir sollten zuerst denken, dann handeln, nie mit dem Kopf durch die Wand wollen: Es gibt immer eine Tür.

Eine weitere, von mir erprobte praxistaugliche Strategie: Verhalten Sie sich so, als ob Sie bereits auf der nächsten Stufe stehen, als ob Sie einen Auftrag hätten, dann werden Sie die nächste Stufe auch erreichen. Mit der Gewissheit, eine Entwicklung sei bereits erfolgt, überzeugen Sie die anderen davon, dass es so ist. Denn die Menschen glauben, was sie sehen. Was sie nicht sehen, ist für die meisten Menschen keine Realität. Treten Sie daher selbstbewusst auf, verfolgen Sie einen Plan, glauben Sie an sich und an Ihre Fähigkeiten. Besonders wichtig: Agieren Sie auf Augenhöhe.

Durch meine Tätigkeit in der Marketingabteilung war ich mitverantwortlich dafür, regelmäßige Treffen für Bankdirektoren vorzubereiten und zu begleiten. Dadurch erfuhr ich von einigen täglichen fachlichen und persönlichen Herausforderungen zwischen Bankdirektoren und deren Assistenz. Ich schrieb einige Konzepte für Assistentinnen von Direktoren im Sparkassen-Verbund und bot bereits mit 26 Jahren meinen bisherigen Erfahrungsschatz im Umgang mit Vorgesetzten, Kollegen und Kunden dem Leiter der Bankakademie an – meine Konzepte wurden sogar angenommen, z. B. »Sicher und souverän in der Assistenz«.

Angereichert mit meinem Wissen über Stil und Etikette, Strategien für Frauen in der Arbeitswelt und Auszügen aus meinem damaligen Lieblingsbuch »Machiavelli für Frauen« waren diese Veranstaltungen immer gut besucht.

Da mich dieser Erfolg ermutigt hatte, wagte ich es, auch für Bankdirektoren ein Seminar zu entwickeln: »Überzeugen durch Persönlichkeit«. Ich war 27, die Direktoren und Abteilungsleiter mindestens 45 Jahre alt. Ich fand mich grottenschlecht. Nie werde ich vergessen, wie ich abends nach dem Seminar nach einem Mauseloch suchte und hoffte, am nächsten Tag nicht wieder auftreten zu müssen. Doch ich habe auch den nächsten Tag irgendwie überstanden. Das Feedback der Teilnehmenden war ausbaufähig, aber – Überraschung!

– gar nicht so schlecht. Heute weiß ich: Meine Inhalte waren noch nicht bekannt. Die Bankdirektoren wussten nicht, was sie nicht wussten.

Nach diesem Seminar sagte ich mir: »Ortrud, lass das! Das ist eine Nummer zu hoch für dich.« Ich hörte förmlich meine Eltern sagen: »Schuster, bleib bei deinem Leisten.« Ich habe nicht auf diese Stimme gehört und auch meinen ersten Reflex nicht umgesetzt. Nachdem ich mich für eine Weile zurückgezogen und meine Wunden geleckt hatte, kam ich zu der einzig richtigen Erkenntnis: Ich hatte mich selbst überschätzt. Vorerst hielt ich Abstand zu dieser Zielgruppe. »Alles hat seine Zeit«, würde ich heute sagen – und das stimmt.

Entfalten Sie in frühen Jahren Ihre Persönlichkeit. Denn es gibt eine grenzenlose Zahl guter Fähigkeiten und Fertigkeiten, die Sie erwerben können und mit denen Sie sich Ihr Leben deutlich angenehmer und leichter gestalten könnten. Eine davon ist die Fähigkeit zur Selbstkritik und Selbstreflexion.

Reflexion

Ich habe dafür gesorgt, dass ich meine Talente ausprobieren und Erfahrungen sammeln konnte. In der Sparkasse, beim Organisieren, Planen und Gestalten. Es gelang mir, die Arbeit auf Modemessen mit Urlaub zu verbinden und völlig andere Menschen treffen. Ich konnte gut präsentieren und habe sogar Geld dafür bekommen. Heute weiß ich: Ich kann immer wählen.

Es ist wichtig, dass wir uns zwischen 25 und 32 Jahren kritisch mit den Grundwerten auseinandersetzen, die wir von anderen gelernt haben, um für uns entscheiden zu können: Wer will ich sein? Daher sollten wir gerade in dieser Lebensphase unseren Horizont erweitern.

Das hätte ich auch besser getan, statt viel zu früh zu heiraten. War es Gruppenzwang? Alle meine Schulkollegen waren verheiratet, bis auf eine Mitschülerin und mich. Auch meine Cousinen waren es bereits. Entsprang meine frühe Ehe doch meinem Wunsch, in den Augen meiner Eltern »normal« zu erscheinen? Wollte ich gesellschaftlich dazugehören?

Ich folgte Werten und Glaubenssätzen, die zum Teil nicht mehr in die heutige Zeit passten und schon gar nicht zu mir, mit denen ich mich dennoch intensiv auseinandersetzte und die mir enorme Energien raubten. Die Anerkennung meiner Eltern war mir wohl immer noch wichtig. Heute würde ich mich fragen: »Wer wird in zehn Jahren an deiner Seite sein? Werden es noch immer deine Eltern sein? Wirst du je Anerkennung von ihnen bekommen können, obwohl sie ein völlig anderes Werteverständnis haben?« Dass es sich bei solchen Erfahrungen um wichtige Reifeprozesse handelte, wusste ich damals noch nicht. Reifeprozesse in der Selbstentfaltung, der Resonanzentfaltung und der Lebensentfaltung. Es gibt eine Zeit des Werdens, eine Zeit des Gestaltens und eine Zeit des Bewahrens. Aber das wusste ich damals noch nicht.

In einer Diskothek in Fulda lernte ich mit 22 Jahren meinen zukünftigen Mann kennen. Was mich an ihm faszinierte? Die Ruhe, die er ausstrahlte, seine zurückhaltende Art und seine Augen – und er war keiner »Fauler«, er war selbstständig. Er war 33, ich knapp 23 Jahre alt. Er wusste, was er wollte – dachte ich. Auch sein Tanzlokal imponierte mir. Er hatte Stil, seine Wohnung war sehr geschmackvoll eingerichtet. Damals war es für mich eine neue, spannende Welt. Ich konnte Eigenes gestalten, andere Menschen kennenlernen, mich auf eine völlig andere Art und Weise einbringen. Indem ich organisatorisch gefordert wurde und dabei auch noch ausgiebig tanzen konnte – ich war und bin eine leidenschaftliche Tänzerin –, konnte ich eine andere Energie fließen lassen als im Beruf und fühlte mich sehr wohl. Hier bin ich angekommen, das soll es sein, dachte ich. Es fiel mir nicht auf, dass immer ich diejenige war, die zu ihm fuhr. In der Zeit unseres Kennenlernens und vor unserer Hochzeit kam es ganz selten vor, dass er zu mir kam oder mich abholte. Das hätte mich hellhörig machen müssen. Doch Verliebtheit macht blind und wir sehen nur das, was wir sehen wollen, nicht, was wirklich ist. Schmunzeln muss ich noch heute, wenn ich an seinen Antrittsbesuch in meiner Familie denke: Mein Vater zeigte ihm voller Stolz seinen vollen Wurstschrank – wir schlachteten noch selbst, einer meiner Onkel besaß einen Bauernhof und ein weiterer war Metzger.

Mein damaliger Mann hat sich über diesen Auftritt später lustig gemacht. Das hat mich bereits seinerzeit verletzt, hielt ihn aber nicht davon ab, es dennoch zu tun. Die Zusammenkünfte mit meinen Eltern reduzierte er auf ein Minimum. Die fragten zwar nach ihm, doch er hatte so viel zu tun in seiner Tanzbar – so lauteten meine Ausreden. Auf jeden Fall bekam ich durch meinen »Zukünftigen« eine eigene Wohnung. Ich war unabhängig und nicht mehr ständig unter Kontrolle.

Was ich mir einmal in den Kopf gesetzt hatte, habe ich bis heute immer durchgezogen. Das war sicherlich nicht immer vernünftig, aber was heißt das schon. Wir verbrachten einen sehr schönen Urlaub in Frankreich. Wir harmonierten und zwischen uns stimmte alles – aus meiner damaligen Sicht. Mir war klar, dass ich diesen Mann wollte. Er war der richtige Partner für mein

Leben. Mit 24 Jahren heiratete ich ihn. Die Hochzeit wurde in einem ländlichen Schloss gefeiert – auch ich wollte einmal Prinzessin sein. Mein Vater hat die Hochzeit nicht bezahlt, er war mit dieser Ehe, die meine Eltern als eine »Onkel-Ehe« bezeichneten, nicht einverstanden. Ich wunderte mich über diese Ablehnung, immerhin betrug der Altersunterschied zwischen meinen Eltern auch neun Jahre. Und in meinen Augen führten sie trotzdem eine wunderbare Ehe. Da sie diese Heirat nicht unterstützten, bezahlte ich größtenteils alles selbst – mein Mann nicht.

Reflexion
Welches Motiv hat mich bewogen, so zu handeln? War es Flucht? War es »endlich ankommen wollen«? War es die wirklich große Liebe? War es Suche nach der Anerkennung, als verheiratete Frau endlich zu Hause und in der Gesellschaft dazuzugehören? Oder war es ein Mix aus allem? Heute weiß ich, es gibt immer zwei Motive: eines, das gut klingt, und das eigentliche Motiv.

Wenn ich ehrlich bin, so habe ich bereits am Tag nach meiner Hochzeit gezweifelt, ob sie richtig war. Es fühlte sich nicht gut an. Ich war sogar todunglücklich. Am liebsten hätte ich alles rückgängig gemacht. Doch ich hörte meine Eltern sagen: »Das hättest du dir vorher überlegen sollen, kommt überhaupt nicht infrage.« *Und genau das habe ich auch später zu hören bekommen. Wer A sagt, muss auch immer B sagen. Erfüllung fand ich in meinen beruflichen Welten. Heute weiß ich, wie wichtig es ist, dass Energie wenigstens in eine Richtung fließen kann.*

Ideal für eine positive Ausstrahlung ist es, wenn Energie in alle Richtungen fließen kann; je nach Lebensphase wird der Energiefluss sich ändern. Weil sich die Bedeutungen ändern, die wir Dingen oder Menschen geben. Wenn Kinder da sind, wird mehr Energie in die Familie fließen. Zu anderen Zeiten wird der Wunsch stärker werden, wieder mehr Energien in berufliche Aktivitäten und Engagement zu investieren oder in ein Hobby. Auch Sport z. B. ist wichtig für die innere Balance – um von Zeit zu Zeit Dampf ablassen zu können.

Wenn Energie nicht fließen kann, kommt es zu einem Energiestau. Und der führt, wenn er länger anhält, zu Depressionen und Krankheiten, Sucht oder anderen Ersatzbefriedigungen – oder gar zu Gewalt gegen den vermeintlich »Schwächeren«.

Krankheiten sind ein Spiegelbild der Seele.

Mein Vater hatte für mich 1964 ein Haus gebaut. Ich kann mich sogar noch daran erinnern, dass ich als Fünfjährige mitgeholfen habe, die Steine auf dem Grundstück aufzulesen. Mein Mann und ich sind 1987 in dieses Haus gezogen. Wir wohnten oben, meine Schwester mit ihrer Familie in der unteren Wohnung. Hätte ich wissen müssen, dass das nicht gut gehen kann? Zu dieser Zeit arbeitete ich sowohl als Mannequin als auch im Bereich Marketing/Öffentlichkeitsarbeit leidenschaftlich gern. Ich führte zudem in der Sparkassenakademie Workshops durch und half in der Diskothek meines Mannes aus. Meine Familie wusste nur von meiner Tätigkeit in der Sparkasse und dass ich meinen Mann unterstützte.

Wir haben unsere Wohnung sehr exklusiv eingerichtet, denn eigentlich bin ich ein Familienmensch. So war ich in unseren eigenen vier Wänden in meinem Element. Ich konnte gestalten – es sollte ja für immer sein. Ich hatte und habe immer noch gern Gäste, die ich mit Leidenschaft verwöhne, bewirte und bekoche. Wir hatten einen großen Freundeskreis und dementsprechend auch oft Gäste im Haus. Im Gegensatz zu meiner Schwester, für die diese »nutzlosen Zusammenkünfte« Zeit- und Geldverschwendung bedeuteten. Die Pflicht rief.

Die Arbeit in der Sparkasse und in der Diskothek, das Planen und Durchführen von Veranstaltungen, viele Bekannte und unterschiedlichste Herausforderungen, ein schönes Zuhause, edle Möbel, schicke Kleider – das war mein damaliges Leben. Ich liebte es, gut gekleidet zu sein. Und durch meine Tätigkeit auf Modemessen saß ich an der Quelle.

Mein Auftreten seinerzeit glich wohl immer dem einer »Frau von Welt«. Ich legte viel Wert auf Äußerlichkeiten, sah dementsprechend immer top aus. Und genau dieses oberflächliche Bild hatten meine Eltern von mir – wahrscheinlich nicht nur sie. Wie es der Ortrud im Gefühlsleben erging, darüber wurde nicht gesprochen. In ihren Augen gab es auf der einen Seite die »Strahle-Frau«, die offensichtlich nur Geld hinauswirft, auf der anderen Seite den armen Ehemann. In meinem Heimatort konnte ich mich nicht mehr anpassen wie früher. Ich trug schicke Kostüme, richtete unseren Balkon und unser Zuhause nach meinen Vorstellungen wunderschön und gemütlich her. Er trat bescheiden auf, war jedoch stolz, mich an seiner Seite zu haben. Das war das Bild nach außen.

So ganz passte das nicht in meine Familie und nicht ins Dorf. Nicht in das Haus, das ich mit meiner Schwester teilte. Ich liebte und liebe es, für Gäste alles schön herzurichten. Wenn ich den Tisch deckte, legte ich schon damals

als Deko einen Plastikhummer auf die Tischdecke. Unser Balkon war immer wunderbar dekoriert und bepflanzt. Weihrauch, Tabakpflanzen und rosarote Petunien zierten unseren Balkon. Meine Schwester hatte immer überall Geranien wie meine Mutter und sie liebte Gartenzwerge, die sie auch am Eingang platziert hatte. Die größte Fläche im Garten war ein Nutzgarten. Dort wurden Kartoffeln angepflanzt, Kohl, Zwiebeln, Kräuter und Salat geerntet. Ich hatte Kräuter, Tomaten und Bohnen als Schmuckgrün auf unserem Balkon.

Ich dachte, dass die Situation gut ausgehen und jeder das »Anderssein« des anderen tolerieren würde. Doch ich passte nicht zu den anderen. Derartig konträre Vorstellungen konnten nicht zusammengefügt werden. Heute weiß ich: Ich hätte nie in das Haus ziehen dürfen, ohne klare Bedingungen und Spielregeln zu vereinbaren.

»Meine geistigen Wegbereiter und Wegbegleiter«:
· Dr. Joseph Murphy, Die Macht Ihres Unterbewusstseins
· Frank Bettger, Lebe begeistert und gewinne
· Harriet Rubin, Machiavelli für Frauen – Strategie und Taktik im Kampf der Geschlechter

Reflexion
Wie kann ein Mensch zu einem gesunden Selbstwertgefühl gelangen, wenn er sich selbst gar nicht kennt? Es ist ein weiter Weg bis zur Authentizität, in der Selbstbild, Wunsch- und Fremdbild übereinstimmen. Sehr lange habe ich eine Fassade aufrechterhalten. Heute weiß ich: Mit dieser Überlebensstrategie habe ich unbewusst gut für mich gesorgt. Für eine eigene Lebensgestaltung ist es wichtig, sich kritisch mit vorgelebten und eingeforderten Werten und Normen auseinanderzusetzen, diese mit den eigenen Vorstellungen rechtzeitig abzugleichen – und sich auch eine bewusste Distanz, z. B. zum Elternhaus,

zu erlauben. Wäre ich dortgeblieben, hätte ich mich eingefügt, mir wäre weitere wertvolle Kraft genommen worden, ich hätte die Lust am Leben verloren und wäre vielleicht krank oder gar depressiv geworden. Ein Psychoanalytiker sagte mir später einmal, es sei ein Wunder, dass ich überhaupt aus dieser Enge herausgekommen und so stabil geblieben sei.

Dass dieses schöne Leben eine Fassade war, die Stück für Stück bröckelte, merkte ich rasch. Ganz offensichtlich betrog mein Mann mich. Als ich ihn einmal in seiner Bar in flagranti erwischte und ihn zur Rede stellte, strafte er mich einfach mit Missachtung. Auch in Geldangelegenheiten verhielt er sich nicht korrekt. Er hatte nie Geld, er machte Schulden bei seinen Geschäftspartnern und zahlte erst nach mehrfachen Aufforderungen. Oft kamen seine Gläubiger auf mich zu. Mir war das alles sehr peinlich. Meinen Eltern sagte ich nichts und tat alles dafür, ihn gut dastehen zu lassen. Ich kannte ihre Antwort: »Ich habe es dir ja gleich gesagt ... Wer A sagt, muss auch mal B sagen. Kein Wunder, du bist ja auch anstrengend.« Er gab sich immer sehr bescheiden, wenn er auf meine Eltern traf. Mir gegenüber lästerte er darüber, dass sie im Garten »wie Ameisen« arbeiteten.

Er verkaufte die Diskothek und arbeitete in der Versicherungsbranche. Nebenbei restaurierte er Antiquitäten, das konnte er sehr gut. Einmal besuchten wir einen Antiquitätenmarkt. Dort sah ich einen Bücherschrank, der nur in eine große Villa passen konnte, in einen hohen Raum. Er erinnerte mich an einen antiken hohen Schrank mit Rolltüren, der im Institut von Michaela Lackmayer stand. Den musste ich einfach besitzen. Mein Mann sagte: »Der passt doch nirgendwo hin.« – »Stimmt«, antwortete ich. »Ich vertraue darauf, dass es einen Raum geben wird, in dem er stehen kann.« Für 250 DM gehörte er mir. Ich war richtig stolz. Mein erstes Equipment für eine mögliche Zukunft.

Ich blieb bei meinem Mann, obwohl er nicht über die geradlinige Persönlichkeit verfügte, die mir wichtig gewesen wäre.

Ich fürchtete die Moral meiner Eltern, besonders die meines Vaters. Scheidungen waren damals nicht üblich.

Zum Glück hatte ich meine beruflichen Aktivitäten. Später, erst viel später begriff ich, wie wichtig es gewesen wäre, meine Fassade früher einzureißen und die Dinge so zu benennen, wie sie waren. Nach außen trug ich ein Bild, das meinem Inneren nicht entsprach. Meine Eltern konnten nur beurteilen, was ich nach außen demonstrierte, was sie selbst sehen bzw. erleben konnten.

Reflexion

Angst macht Menschen zu Zwergen. Und hier war ich Zwerg. War es Achtung vor den Eltern, Respekt oder eher Angst vor der Auseinandersetzung und den drohenden Konsequenzen? Nicht immer entspricht das Bild, das wir nach außen zeigen, auch unserem inneren Zustand und Wesen. Die Fassade ist immer ein Selbstschutz. So habe auch ich mich geschützt.

Die Energien, die wir in der Lebensphase von 25 bis 32 Jahren nutzen könnten, lauten: sich selbst glauben – wählen – begeistern. Ich habe gewählt, ich war auch begeistert von dem, was ich beruflich tat – mir glauben, mich trauen, mein Wissen auch auf privater Ebene umzusetzen, dazu habe ich noch etwas mehr Zeit gebraucht. Doch ich ahnte, dass ich diese Lebensumstände irgendwann verändern würde. Doch die Zeit war offensichtlich noch nicht reif. Konflikte werden uns Menschen meistens erst dann so richtig bewusst, wenn wir uns innerlich auch in der Lage fühlen, diese bewältigen zu können.

Da ich auch langfristig meine berufliche Zukunft im Sparkassenbereich sah, entschied ich mich mit 32 für ein weiteres Studium als Marketingfachwirtin innerhalb der Sparkassen-Organisation. Mittlerweile war die Grenzöffnung vollzogen und die Sparkassen-Organisation unterstützte Sparkassen in den neuen Bundesländern. Auch ich war dabei und konnte in Weimar Erfahrungen sammeln. Im August 1991 bewarb ich mich in der Sparkasse Erfurt um eine Position in der Marketingabteilung/Abteilung Öffentlichkeitsarbeit. War es für mich ein Weg, der Ehe zu entkommen?

Auf der beruflichen Seite war ich erfolgreich. Privat in einer freudlosen, instabilen Beziehung gefangen und dazu kam der Wunsch, Mutter zu werden. Die biologische Uhr tickte.

Immer noch tief verwurzelt in der religiösen Werteorientierung betete ich, suchte Beistand bei den Kirchenvätern, erzählte im Beichtstuhl meine Eheerlebnisse, war auf der Suche nach einem Ausweg, wollte die Trennung. Wenngleich ich meistens weinend aus dem Beichtstuhl ging, musste ich auch oft schmunzeln. Als ich beispielsweise einmal einem Mönch erzählte, dass mein Mann fremdging, menschlich gefühlskalt war und sexuelle Neigungen hatte, die den meinen nicht entsprachen, als ich ihm von Freudlosigkeit und dem hohen Alkoholkonsum meines Mannes berichtete, sagte er beinahe hilflos: »Ja, da kann ich Ihnen nicht helfen – ich bin doch nur ein einfacher Mönch.« In einer weiteren Beichte wurde mir gesagt, ich solle versuchen, mit dem Mann,

mit dem ich verheiratet bin, auszukommen. »Versuchen Sie, ihn zu lieben.«
Und das versuchte ich nochmals intensiv. Ich wollte nicht einfach aufgeben.
Ich zweifelte und dachte: Vielleicht habe ich wirklich nicht alles versucht und vielleicht liegt auch viel an mir.

Heute, mit dem Wissen des entwicklungspsychologischen Modells der Kairologie[1], ist mir bewusst, dass wir zwei aus völlig unterschiedlichen Generationen kommen, daher unterschiedliche Wertvorstellungen und Bedürfnisse haben. Er gehört zu einer B-Generation – Struktur, Ordnung, ist also eher rational. Ich gehöre einer Beziehungsgeneration an und möchte am liebsten immer eine Synthese herbeiführen, diskutieren, abrunden. Im Oktober des Jahres 1991 wurde ich schwanger.

Reflexion
Nach welchen Maßstäben will ich leben? Wie möchte ich leben? In dieser Lebensphase werden Grundsatzentscheidungen getroffen. Und diese habe ich mit 32 getroffen.

Immer noch fehlt den meisten Menschen sowohl das Wissen um diese wichtige Lebensphase als auch ihre unausgeschöpften Potenziale. Selbst wenn sie es spüren oder unglücklich sind, fehlt ihnen meist der Mut, sich diesen Themen zu stellen und die Weichen für kommende Lebensphasen bewusst zu stellen.

Richtig mutig wurde ich erst mit 36 Jahren, in einer Lebensphase, in der ein Mensch, der über ein gutes Maß an Kraft und Urvertrauen verfügt, den Mut aufbringt und bereit ist, die größten Risiken einzugehen, um die Zukunft möglich zu machen.

Ich habe nicht mehr krampfhaft versucht, Mutter zu werden. Ich kam vielmehr zum Schluss: Wenn's sein soll, wird's sein – wenn nicht, dann nicht. »Beachtung bringt Verstärkung, Nicht-Beachtung Befreiung.«[4] Welche überlieferten Grundsätze schleppte ich immer noch mit mir herum?

Sätze wie: »Einmal Ja gesagt, für immer Ja gesagt«, »Wer A sagt, muss auch B sagen«, »Was Gott zusammengefügt hat ...«, und vor allem: »Das macht man nicht, was denken die Leute?« Und zum Glück auch der prägende Satz meiner Mutter: »Tue recht und scheue niemanden.«

Ich habe also selbst erlebt, wie sehr Glaubenssätze erdrücken und blockieren, jedoch auch, wie sie uns positiv antreiben können. Den Satz meiner Mut-

ter hatte ich mir auch im positiven Sinne zu Herzen genommen. Denn ich tat (eigentlich) nichts Unrechtes, wenn ich für mich sorgen wollte.

Glaubenssätze steuern den Fokus unserer Aufmerksamkeit, bestimmen, für welche Informationen wir offen sind und wie wir auf unser Umfeld reagieren. Glaubenssätze, die uns mitgegeben werden, sind wie Gummibänder und ziehen uns immer wieder zurück. Es sind Vorgaben, denen wir oft blind folgen. Es sei denn, wir schauen genau hin, betrachten sie und hinterfragen: Welche der Glaubenssätze sind hilfreich und unterstützen uns? Welche blockieren und hemmen uns? Viele übernommene Glaubenssätze sind längst nicht mehr zeitgemäß und passen nicht mehr in unsere Welt. Sie passten eigentlich nie in die Welt. Sie behinderten die gesunde Neigung des Menschen, sein Leben aktiv zu gestalten. Ihr Mittel ist die moralische Untergrabung. Sie führen unweigerlich zum Verlust des Selbstwertgefühls, zu Unentschlossenheit, zu innerer Unruhe mit der Tendenz, sich zu betäuben, und dazu, sich selbst etwas vorzumachen. Sie enden in Selbstzweifeln, die sich als rationale Argumente verkleiden.

> *»Es sind nicht die Dinge, die uns beunruhigen,*
> *sondern die Bedeutungen, die wir den Dingen geben.«*
> *Epiktet*

Wenn wir alte Denkmuster ersetzen wollen, müssen wir die Ursache dafür erkennen und auflösen. Willenskraft und Disziplin können dabei allein nichts ausrichten. Es ist mit unseren Denkmustern wie bei Unkräutern, deren oberen Teil wir abschneiden, deren Wurzel wir aber zurücklassen – sie kommen immer wieder.

Ich habe selbst erfahren, wie wertvoll es ist, sich mit der Kunst der positiven Selbststeuerung[2] auseinanderzusetzen und sich diese anzueignen.

Selbststeuerung bedeutet, dass Sie Ihr eigenes Verhalten beobachten und aus einem objektiveren Blickwinkel bewerten können. Sie richten sich auf Ihre selbst gesteckten Ziele aus. Wichtig ist dabei, dass Sie Ihre Emotionen nicht verdrängen, sondern lernen, sie zu kontrollieren und ihnen eine Richtung zu geben. Gedanken sind Kräfte, daher ist es wichtig zu lernen, sie zu steuern und alte Denkmuster durch neue zu ersetzen. Es ist die Basis einer gelungenen Selbststeuerung, »Das kann ich nicht, weil ...« zu ersetzen durch »Ich kann, wenn ...«.

Zwischen 25 und 32 Jahren habe ich meine Energien beruflich genutzt und war mit Begeisterung bei der Arbeit. Meine private Beziehung lief nicht rund. Heute weiß ich, dass eine Beziehung langfristig nicht funktionieren kann, wenn grundlegende Werte nicht im Einklang sind. Es sei denn, beide Partner sind geistig auf einer transformierten Ebene, respektieren und schätzen die Werte des anderen und suchen gemeinsam nach neuen Lösungen. Doch wer ist in dieser Lebensphase im Besitz dieser Reife?

Lebensphase 6
Stärke durch gemeinsamen Austausch

32 Jahre bis 38 Jahre – Karriere und Familie
Auf das Miteinander verschiedener Überzeugungen vertrauen lernen, Aufbau von Gemeinschaften (Familienphase). Wir lernen, überzeugend zu sein. Wir setzen unsere Ideen um und suchen Übereinstimmung mit anderen. Eine sehr gravierende Lebensphase mit einschneidenden Wendepunkten, es wird etwas völlig Neues begonnen – beruflich und privat.

Thema: in seiner Kompetenz wachsen

Fragen: Für welche Überzeugung kämpfe ich? Wie sehr wird mein Gestaltungsweg anerkannt? In welchen Gemeinschaften fühle ich mich wohl? Was baue ich auf? Kann ich weiterwachsen?

Als ich mit 32 schwanger wurde, war ich einerseits sehr glücklich, andererseits hatte ich Angst und einen enormen Respekt vor dem, was auf mich zukommen würde: Mutter sein. Konnte ich eine gute Mutter sein? Mein Gynäkologe erzählte mir später, dass er mich Müttern, die Angst vor dem Muttersein hatten, als Beispiel nannte. Als er mir nämlich sagte: »Frau Tornow, positiv ...«, war ich erstarrt und hatte geweint. Denn ich hatte panische Angst davor, unter meinen wenig glücklichen Umständen ein Kind in die Welt zu setzen. Er machte mir Mut. »Wenn Sie es nicht schaffen, wer sollte es dann schaffen?« Ich entschied mich für ein »sowohl als auch«: mit meinem Ehemann einen Weg finden, weiterhin in der Marketingabteilung arbeiten, meine Tätigkeit als Referentin nebenberuflich ausbauen und vor allem mit Leib und Seele Mutter sein.

Doch es kam völlig anders. Nachdem ich ihm meine Pläne mitgeteilt hatte, wie ich Muttersein und Beruf in Einklang bringen wollte, sagte er: »Das haben wir noch nie so gemacht, dass Mütter so weiterarbeiten können wie bisher. Sie können als Ultimokraft hin und wieder zum Einsatz kommen«. Sie sind ja schließlich Mutter. Ich wurde quasi abserviert. Ich war enttäuscht, wütend und unsagbar traurig, dass er mir keine Möglichkeit bot, meine geliebte Arbeit in der Marketingabteilung fortzusetzen. Nach meinem letzten Tag in der Bank konnte ich ein Jahr lang das Haus nicht betreten, so groß war meine Enttäuschung, und ich mied sämtliche Kontakte.

> »Manchmal kann es ein wahrer Glücksfall sein, nicht zu bekommen, was man gerade am liebsten möchte.«
> Siddhartha Gautama – Buddha

Die Schwangerschaft genoss ich, obwohl sich mein Mann mir gegenüber sehr zurückhaltend verhielt. Als werdende Mutter auf Händen getragen zu werden, das kenne ich nur von Filmen und Berichten anderer Mütter. Die Einzige, die mich aufforderte, mich zu schonen, war meine Schwiegermutter, wenn ich sie aufsuchte. In dieser Zeit verwöhnte sie mich, so gut sie dies vermochte. Ihre Zuwendung tat gut.

Ich wollte auf keinen Fall, dass mein Kind unter diesen negativen Bedingungen leiden musste. Ich suchte Hilfe in der geistigen Welt und stieß auf ein Buch: »Die Macht Ihres Unterbewusstseins« von Dr. Joseph Murphy.[10] Die Möglichkeiten, die hier beschrieben wurden, faszinierten mich. Sie gingen noch tiefer als die von Frank Bettger. Durch Dr. Joseph Murphy wusste ich bereits seinerzeit um die Einflusskraft vorgeburtlicher Erfahrungen und Prägungen.

Ich stieß auf Kassetten von Erhard F. Freitag[11], einem Schüler von Murphy. Er war ein deutscher Hypnosetherapeut und Esoteriautor. Im Bereich der Neugeist-Bewegung und des positiven Denkens ist er bekannt geworden.

Eine mir bis heute wertvolle Kassette von Erhard F. Freitag, »Glücklich sein«, wurde mein täglicher Begleiter. Wenn es schon von außen wenig erfreuliche Impulse für mich und mein Kind gab, wollte ich diese uns beiden auf diese Weise zukommen lassen.

Um nicht vollends finanziell abhängig zu sein, bewarb ich mich hochschwanger um eine Stelle als Bewerbungstrainerin. Der verantwortliche Leiter der Bildungsstätte rief mich an und wollte mich kennenlernen. Er war beeindruckt, dass ich mich als Schwangere dafür interessierte. Er schmunzelte mich an und sagte: »Ihre Bewerbungsunterlagen sind grottenschlecht, aber Ihren Mut und Ihr Konzept finde ich klasse«, gab mir professionelle Bewerbungsunterlagen als Muster – und den Job. Ich habe für ihn eine große Anzahl von Veranstaltungen durchgeführt und das sehr erfolgreich. Die Teilnehmenden waren hoch motiviert und fanden schnell gute Jobs. Ich vermittelte neben der professionellen und individuellen Bewerbungskompetenz auch Selbstsicherheit, Selbstbewusstsein und Selbstvertrauen im Auftreten und im Gespräch – wichtige Voraussetzungen für ein erfolgreiches Agieren und Reagieren, nicht nur für die Bewerbungsphase. Das Know-how aus meiner Ausbildung zum Mannequin war ein deutlicher Mehrwert für die Teilnehmenden. Bis kurz vor der Geburt meiner Tochter habe ich diese Trainings durchgeführt.

Mit meinem Mann gab es nur wenige so richtig glückliche Stunden. Auch bei der Geburt war ich allein und als ich das kleine Würmchen in den Händen hielt, war mir sehr intensiv bewusst, dass ich für mein Kind allein verantwortlich sein würde und dass ich einen anderen, einen eigenen Weg gehen musste.

Ich muss raus, ich kann nicht von diesem Mann abhängig sein, waren meine Gedanken. Ohne Vertrauen, ohne Ehrlichkeit, immer in Anspannung, was passieren könnte, wann der Gerichtsvollzieher kommt. Mir wurde immer klarer, dass ich mein Leben und vor allem das meiner Tochter nicht auf diesem brüchigen Fundament aufbauen konnte.

Arabella kam im Juni 1992 auf die Welt. Ich spüre noch heute die Wärme und die Liebe, die mich erfüllte, als man mir das kleine Wesen das erste Mal in den Arm legte. Ich war mir meiner Verantwortung bewusst und freute mich auf die gemeinsame Zeit. Ich habe seinerzeit bewusst einen Songtext von Bettina Wegner[12] für die Geburtsanzeige ausgesucht:

KINDER (Sind so kleine Hände)

Sind so kleine Hände, winz'ge Finger dran
Darf man nie drauf schlagen, die zerbrechen dann

Sind so kleine Füße, mit so kleinen Zeh'n
Darf man nie drauf treten, könn' sie sonst nicht geh'n

Sind so kleine Ohren, scharf und ihr erlaubt
Darf man nie zerbrüllen, werden davon taub

Sind so schöne Münder, sprechen alles aus
Darf man nie verbieten, kommt sonst nichts mehr raus

Sind so klare Augen, die noch alles seh'n
Darf man nie verbinden, könn'n sie nichts versteh'n

Sind so kleine Seelen, offen und ganz frei
Darf man niemals quälen, geh'n kaputt dabei

Ist so'n kleines Rückgrat, sieht man fast noch nicht
Darf man niemals beugen, weil es sonst zerbricht

Grade klare Menschen wär'n ein schönes Ziel
Leute ohne Rückgrat hab'n wir schon zuviel

Ich fand mich wahrscheinlich in diesem Song wieder: Die kleine Ortrud und ihre Sehnsucht, dazuzugehören, akzeptiert zu werden, so wie sie nun einmal ist.

Auf jeden Fall war dies ein Versprechen an meine kleine Tochter. Sie ist heute eine selbstbewusste, kluge Frau mit Rückgrat und Herzenswärme.

Arabella ist da!

Als ich mit Arabella aus dem Krankenhaus nach Hause kam – ich hatte sogar noch einen Tag verlängert aus Angst vor dem, was mich zu Hause erwartete – sagte meine Mutter: »Jetzt wirst auch du endlich normal.« Oje, was hieß das für mich? Zu Hause bleiben, Ultimokraft an zwei bis drei Tagen im Monat in der Bank, in der Backstube helfen, samstags die Backstube putzen, den Nutzgarten pflegen?

Und dazu ein Mann, auf den ich mich nicht verlassen konnte, der mir weder finanziell noch emotional das Gefühl der Geborgenheit geben konnte. Ich entschied mich daher, auf mich selbst zu bauen und freiberuflich tätig zu sein. Meine bisherigen Seminaraktivitäten waren sehr erfolgreich. Also machte ich mich mit der Geburt meines Kindes im Bereich Kommunikation und Persönlichkeitsentwicklung selbstständig, mit meinem bisherigen Know-how, mit meinen Erfahrungen und meinem unerschütterlichen Glauben an mich und meine Botschaften. Ich wollte auch andere von meinem Wissen profitieren lassen.

Im Oktober 1992 erhielt ich eine erste Prüfungsurkunde »Berufs- und arbeitspädagogische Kenntnisse gemäß der Ausbilder-Eignungsverordnung« und habe auch sofort Anzeigen geschaltet. Es ging mir dabei gar nicht nur darum, Geld zu verdienen, ich habe nach echten Bestätigungen für meine Arbeit gesucht. Vor allem wollte ich wissen, wie sehr ich mit meinen Themen auf Resonanz stieß.

Im Nachhinein bin ich überzeugt, dass mein damaliger Mann nicht in der Lage war, Verantwortung für sich selbst und erst recht nicht für andere zu übernehmen. Daher fiel es ihm schwer, sich in der Rolle eines Vaters wiederzufinden. Er war überfordert und für mich war damit der Start als Mutter nicht einfach. Zumal die Freude meiner Eltern sehr verhalten war. An das Weihnachtsfest 1991 erinnere ich mich noch heute: Wir teilten meiner Familie freudig mit, dass wir ein Baby erwarten. Diese Nachricht wurde mit den Worten kommentiert: »Deine Mutter kann sich aber nicht auch noch um dein Kind kümmern.« Ich war wieder einmal wie vor den Kopf gestoßen. Anstatt sich zu freuen, formulierten meine Eltern Bedenken, sogar Widerstand.

Der Gerichtsvollzieher war häufig bei uns im Haus, ich schämte mich vor meinen Eltern – welch eine Schande im Dorf. Es durfte niemand etwas davon mitbekommen! Meistens habe ich die Löcher stopfen können, sofern mir diese bekannt waren. Auch meine Schwiegermutter konnte und wollte nicht helfen. Die Beziehung zwischen meinem Mann und mir war sehr frostig. Ich konnte niemandem erzählen, was bei uns zu Hause lief. Meine Eltern hätten sowieso keinerlei Verständnis entwickelt, da nicht sein konnte, was nicht sein durfte.

Zum Glück habe ich für die Betreuung meiner Tochter eine liebevolle Frau gefunden; ich konnte beruhigt weiterarbeiten. Ich habe trotz dieses Drucks weiterhin Seminare gegeben, für einen Immobilienmakler Hausabrechnungen durchgeführt und in einer Boutique als Verkäuferin gearbeitet, um noch zusätzlich Geld verdienen zu können. Niemand hat mir meine private Situation angesehen. Ich habe bei meiner alltäglichen Arbeit gemerkt, dass ich etwas vermitteln kann, dass meine Botschaften glaubwürdig waren, weil ich authentisch war. Und es tat mir gut, anderen Menschen zu helfen, sie zu unterstützen, sich weiterzuentwickeln und ihnen Mut zu machen – es gibt immer einen Weg.

Nach der Geburt meiner Tochter habe ich meine Vision umgesetzt und ein »Institut« gegründet. »Tornow Seminare Mit Herz und Verstand«. Ich konzipierte mein erstes offenes Seminar und konnte dank der damaligen Leiterin einer Sprachschule deren Räumlichkeiten mitbenutzen. Dort bot ich das Seminar »Selbstdarstellung und Stil« abends als Fortbildungsreihe für Frauen und Männer an. Sechs Abende à vier Stunden, damit ich tagsüber bei meiner Tochter sein konnte. Und dann, ja, dann bot mir der Direktor einer Privatschule Räumlichkeiten in einer Villa zur Miete an.

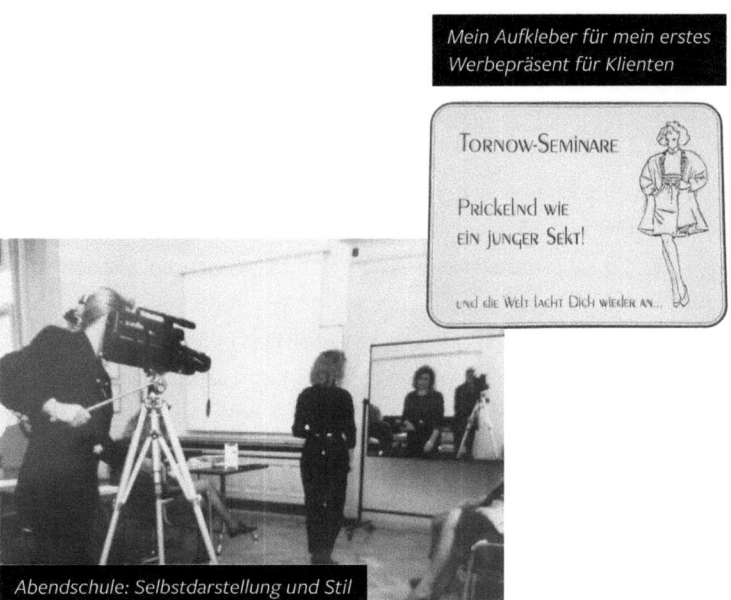

Mein Aufkleber für mein erstes Werbepräsent für Klienten

Abendschule: Selbstdarstellung und Stil

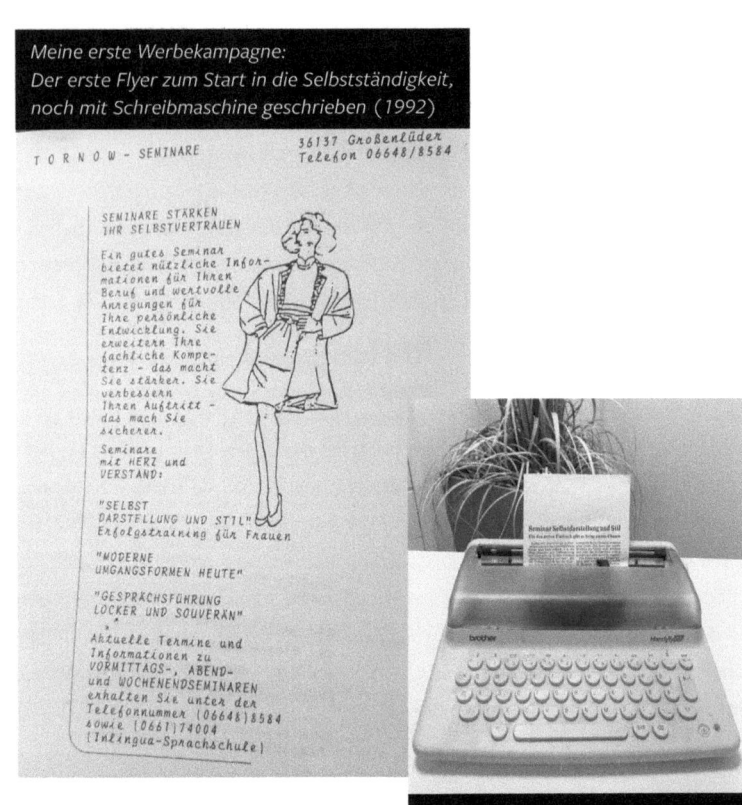

Meine erste Werbekampagne: Der erste Flyer zum Start in die Selbstständigkeit, noch mit Schreibmaschine geschrieben (1992)

Meine »Geschäftsausstattung« zum Start in die Selbstständigkeit

Endlich konnte ich meinen hohen Bücherschrank mit Rolltür, den ich bereits 1989 auf einem Antiquitätenmarkt entdeckt und gekauft hatte (und nirgendwo hinstellen konnte, da keine Räumlichkeit hoch genug war), platzieren.

Für gute Gefühle muss man selbst sorgen: Mein Chef in der Marketingabteilung sagte einmal: »Frau Tornow, glauben Sie bloß nicht, dass Sie mal auf meinem Stuhl sitzen werden.« Sechs Jahre später tat ich genau das. Ich hatte soeben das Büro in der Villa bezogen und war noch auf der Suche nach Equipment. Es fehlt noch ein »Chefinnensessel«. Der damalige Hausmeister der Bank half mir beim Einzug und erwähnte, dass er noch altes Mobiliar der Sparkasse hätte. Ich fragte: »Ist da zufällig der Chefsessel meines ehemaligen Chefs dabei?« Er war dabei. Ich kaufte ihn für 50 DM und saß doch noch auf seinem Stuhl.

Bericht im Anzag Magazin

Ich in meinem ersten angemieteten Büro

Die Flyer werden professioneller

Immer stärker merkte ich, dass ich in meinem Haus, so dicht bei meiner Familie, mit diesem Mann und an diesem Ort meiner Tochter nicht das Zuhause bieten konnte, das ich mir für sie gewünscht hatte. Es herrschte ein Klima von Distanz und Schweigen, ein Klima des sich Duldens. Kennen Sie so ein Gefühl? In diesem Klima sollte meine Tochter nicht groß werden. Mit 35 Jahren putzte ich immer noch samstags die Backstube. Im Januar 1996 habe ich meinem Vater gesagt, dass ich mich noch im selben Jahr von meinem Mann trennen würde.

Seine Drohung, ich würde enterbt und das Haus würde mir wieder genommen, prallte an mir ab: »Behalte du deinen Steinhaufen, es geht mir nicht um Besitz und Geld, sondern darum, meiner Tochter ein liebenswertes, lebensfrohes Zuhause zu bieten.«

»Ich weiß nicht, ob es besser wird, wenn es anders wird, Aber es muss anders werden, wenn's besser werden soll.«
Georg Christoph Lichtenberg

Einen Tag nach meinem 36. Geburtstag, an einem Samstag, war mein Mann wieder einmal betrunken und pöbelte mich an, sein Blick war voller Hass. Ich wollte nur noch weg, bevor Schlimmeres passieren könnte. Ich flüchtete mit meinem Kind und wenigen Kleidungsstücken für sie in mein Büro in der Stadt. Bei einer Freundin konnte ich für einige Tage mit meiner Tochter übernachten. Als ich in der darauffolgenden Woche nach Hause fuhr und in meine Wohnung wollte, war das Schloss ausgetauscht. Mein Schwager stand im Garten und sagte: »Auf Anordnung deines Vaters.« Ich war entsetzt, auch darüber, dass er und meine Schwester dies so ohne Weiteres auch umsetzten. Anscheinend waren sie froh, dass ich weg war. Ich fuhr unverrichteter Dinge, nun tatsächlich heimatlos, zurück zu meiner Freundin und suchte mir eine Wohnung.

Auf keinen Fall und zu keiner Zeit wollte ich meiner Tochter den Kontakt zu ihrem Vater verweigern. So hat Arabella bereits in diesen für mich sehr schmerzlichen Anfangszeiten regelmäßig Zeit mit ihm verbringen können. Sie sollte spüren, dass auch nach der Trennung jeder ihr herzlich zugewandt blieb. Leider sah mein Mann das anders: Immer, wenn er unsere Tochter mit nach Hause genommen hatte (eigentlich in mein Haus), ihr immer die ältesten, noch im Hause zurückgebliebenen Kleider angezogen hatte, wurde damit der Eindruck verstärkt, ich würde mich nicht um Arabella kümmern. Dabei hatte ich extra für diese Aufenthalte die schönsten Kleider für Arabella mitgegeben, die ich mir leisten konnte, weil ich wusste, wie wichtig meinen Eltern Äußerlichkeiten waren.

Geschenke, die sie in diesen Zeiten von meinen Eltern, ihrer Patentante und ihrem Vater erhielt, durfte sie nicht nach Fulda mitnehmen. Schlimm war es, wenn Arabella mir abends einen Scheck überreichte, für den Unterhalt, den er zahlen musste. Auch diesen musste ich einklagen, freiwillig kam nichts. Mit Arabellas Einschulung stellte er jeglichen Kontakt zu ihr ein. Meine Vermutung war, er wollte den Kosten, die ein Schulkind mitbringen würde, entgehen. Anfangs war ich sehr traurig und es fiel mir schwer, Ausreden zu finden, weshalb ihr Vater sich nicht meldete, ihr nicht zum Geburtstag schrieb und nicht auf irgendeine andere Art und Weise versuchte, Kontakt zu ihr aufzunehmen.

Ablehnung, Missachtung, fehlende Wertschätzung, insbesondere durch einen Elternteil, hinterlassen Spuren auf der Seele, die meist erst später im Leben zum Tragen kommen. Das war auch bei Arabella so.

Es war eine schlimme Zeit. Am Anfang wusste ich nicht, wie ich das alles schaffen sollte, auch finanziell. Ich erinnere mich noch, als wäre es gestern gewesen: Ich hatte einen Termin bei einem möglichen Kunden, ein Erstgespräch in unserer Gegend. Er wollte für seine Vertriebsmannschaft Verkaufstrainings buchen. Meine Flyer hatten ihn auf mich aufmerksam gemacht. Da ich nur die Kleider besaß, die ich trug, als ich aus dem Haus flüchtete, lieh mir meine Freundin einen ihrer Blazer und eine Bluse – nach einem sehr konstruktiven Gespräch erhielt ich den Auftrag. Mit diesem Auftrag in der Tasche konnte ich mir eine Wohnung für mich und mein Kind mieten. Ich fand eine Wohnung, die nicht einmal fünf Minuten Wegzeit von einem Kindergarten entfernt lag. 70 Treppenstufen galt es immer hinauf- und hinunterzusteigen. Arabella wurde dort liebevoll aufgenommen. Dann haben wir – Arabella und ich – eine Anzeige geschaltet: »Suche liebevolle Unterstützung für die Betreuung meiner Tochter.« Ich war auf der Suche nach einer Ersatzoma. Und wir fanden diese auch. Zu ihr haben Arabella und ich noch heute Kontakt. Mittlerweile ist diese Dame 85 Jahre alt.

Ein erfolgreicher Mensch spricht nicht von seinen Problemen, von seinen Schwierigkeiten, von seinen Befürchtungen, sondern nur von seinen Zielen, von seinen Hoffnungen, von seinen Träumen, von seinen Wünschen und von seinem positiven Weg. Diese Einstellung, dieser Glaubenssatz aus Nikolaus B. Enkelmanns »Erfolgsregeln« gehört bis heute zu meiner Lebenseinstellung.[4]

Kein Auftraggeber und auch kein Teilnehmer haben je meine sehr instabilen und nervenaufreibenden Lebensumstände mitgekommen. Mit meinen Flyern hatte ich auf mich und mein Institut aufmerksam gemacht, mit Erfolg. Es kamen Anfragen und damit auch Aufträge. Ich konnte alles bezahlen und uns ein gemütliches Zuhause schaffen.

Ich war neugierig auf die Welt. Um weiterhin, nun mit meiner Tochter, weitere Teile der Welt kennenlernen zu können, habe ich mich sofort um einen Jugendherbergsausweis gekümmert. Bis vor Kurzem hatte ich ihn sogar noch – ich habe ihn nie gebraucht, denn ich konnte mir immer ein Hotel leisten.

Dann ging der Kampf um Arabella los, eine wahre Schlammschlacht vonseiten meines Mannes. Ich erhielt Morddrohungen, er versuchte sogar, meine Eltern als seine Zeugen vor Gericht zu zerren, damit diese gegen mich aussagen. Doch zum Glück wurde mir das alleinige Sorgerecht zugesprochen. Er sah seine Tochter nur an den Wochenenden, später sogar nur noch unter Aufsicht einer weiteren Person, seiner Mutter. Mein Ex-Mann wohnte noch viele Jahre weiter mietfrei in meinem Haus – mit der Zustimmung meiner Eltern –, auch mit seiner Geliebten, die er bereits zu meiner Zeit hatte, wie sich später herausstellte.

Schon in meiner Kindheit hatte ich Menschen beobachtet. Unser Geselle z. B. hatte eine Ehefrau. Sie hatte sich von ihm getrennt und gesagt, dass sie in Düsseldorf Karriere machen wolle, aber im Alter zurückkommen werde. Das hat sie im Rentenalter tatsächlich auch getan. Er hatte sie gehen lassen, ohne Groll. Er war zufrieden und konnte das Lebensmodell seiner Frau akzeptieren. Das hat mich schon als junges Mädchen sehr beeindruckt.

Wieso konnten meine Eltern mein Lebensmodell nicht akzeptieren, nicht einmal meine Mutter? Vielleicht hatten sie sich der Familie zwar nicht unter-, aber sich eingeordnet. Groll verspüre ich auf meine Mutter nicht.

Fünf Jahre lang hatte ich keinen Kontakt zu meinen Eltern und auch nicht zu meiner Schwester – oder besser: Sie wollten keinen Kontakt mit mir und bestraften damit vor allem meine Tochter. Weil ich mich scheiden ließ, gehörte ich nicht dazu, ich störte. Arabella hat Großeltern und deren Liebe leider nicht kennenlernen können. Auch eine Patentante gab es nicht, denn mein Vater hatte darauf bestanden, dass es meine Schwester werden sollte.

Reflexion

In der Lebensphase von 32 bis 39 geht es vor allem darum, eine Synthese zu finden, vorhandene Elemente zu einem persönlichen Ganzen zu verbinden und eine neue Einheit zu finden. In dieser Phase nimmt der Mensch, der wachsen will, dafür mehr in Kauf als jemals später im Leben. Es ist eine Energie, die es zu nutzen gilt. Es geht um das Erkennen des Echos von Zielgruppen. Wo fühle ich mich hingezogen? Es geht um das Loslassen von alten tradierten Wertvorstellungen, darum, die positive Energie dieser Lebensphase zu nutzen und persönlich zu wachsen, um Neues möglich zu machen. Wir ernten, was wir säen. Mit allen Konsequenzen.

Bei einer Familienaufstellung am Starnberger See wurde mir klar: Ich war immer im Zentrum der Gespräche in meinem Elternhaus, ich war immer mittendrin. Leider habe ich dies nicht spüren dürfen, nicht im persönlichen Kontakt. Wollten meine Eltern nicht oder konnten sie nicht, weil auch sie in einem System gefangen waren, in das sie sich selbst verstrickt hatten? Ich musste diese Frage aufarbeiten, damit ich Ruhe fand.

Jeder hat sein Leben in der Hand. Wer sich nicht weiterentwickelt, der lebt sein Leben im schlechtesten Falle unglücklich und unzufrieden. Durch die Verantwortung für meine Tochter hatte ich den Mut, Altes hinter mir zu lassen. Die Energien, die wir nutzen können, heißen Vertrauen auf das Miteinander verschiedener Überzeugungen – Wachsen – Bildung (neuer) Gemeinschaften. Das habe ich getan. Auch in dieser Lebensphase bin ich unbewusst meinen Lebensenergien gefolgt.

In der Kairologie nennen wir die Phase von ca. 32 bis 39 Jahren die Familienphase. Im beruflichen Umfeld ist der Wunsch stark, zu einem Team zu gehören und in Resonanz zu anderen zu gehen. In welchem Alter waren Sie, als Sie 2020 bis 2022 im Homeoffice arbeiten konnten oder mussten? Wie lange haben Sie das wirklich genossen? Wie hat Ihre Führung reagiert? Welche Möglichkeiten hat Ihre Führungskraft Ihnen wann und wie geboten?

Wissensdurst und Neugier sind zwei Hauptmotivatoren in meinem Leben: Weiterbildung und Fortbildungen waren und sind nach wie vor wichtige Energiequellen. Neben wunderbaren, neuen, stabilen privaten Kontakten traf ich auch weiterhin beruflich auf zahlreiche wertvolle Wegbegleiter und Mentoren.

Unsere Zeitung – Tornow News ab 1998

Ein Bericht in der Cosmopolitan[13] – darauf war ich besonders stolz! Ich war auf der Frauenmesse in Gießen, traf dort Sabine Asgodom, seinerzeit Redakteurin u. a. für die Cosmopolitan. Sie sprach von Frauennetzwerken. Ich habe sie beim Wort genommen und angesprochen.

Vortrag auf der Frauenwoche in Fulda: »Spannungsfeld Beruf und Familie«

Lebensphase 7
Vertraue auf die rationalen Grundlagen deines Handelns

38 Jahre bis 45 Jahre – Weltvertrauen aufbauen
Rationale Ordnung: Wir lernen, unser Handeln vernünftig zu begründen. Wir wissen, was vernünftig ist, und setzen die richtigen Prioritäten. Beruflich ergreifen wir wichtige Initiativen.

Thema: Fokus auf Planung und berufliche Ziele

Fragen: Passt meine äußere Form zu meinen Überzeugungen und Vorstellungen? Welche Initiativen will ich ergreifen? Für welches Programm will ich mich engagieren?

Eine große Liebe lernte ich 1997 kennen. Mit 38 Jahren traf ich auf einer meiner Seminarreisen meinen späteren Geschäftspartner und langjährigen Lebensgefährten.

Ich war erfolgreich mit meinem Unternehmen »Tornow & Partner«. Er war um die 50, Trainer bei einem renommierten Trainingsunternehmen in München mit Sitz in Grünwald, ein gut aussehender Mann mit grau melierten Haaren. An unsere erste Begegnung kann ich mich noch gut erinnern: Rücken an Rücken saßen wir jeweils mit unseren Seminarteilnehmenden beim gemeinsamen Abendessen in einem Hotel. Als die meisten Teilnehmer sich zurückgezogen hatten, drehte sich der Trainerkollege um und sagte: »Junge Frau, kommen Sie doch an unseren Tisch.« »Genau das hatte ich vor«, erwiderte ich augenzwinkernd. Daraus entwickelte sich eine intensive Zusammenarbeit und etwas später eine intensive und wunderbare Beziehung. Wir waren als Trainerpaar unschlagbar, haben vieles für uns erobert und entdeckt. Da sich mein femininer und sein maskuliner Blickwinkel ergänzten, bekamen unsere Trainings eine zusätzliche Qualität.

Er war ein anerkannter Trainer, ich habe viel von ihm lernen können. Fasziniert hat er mich, als er zu einem Erfahrungsaustausch nach Fulda kam und mir die acht Motive und ihren Einfluss auf unser Verhalten darstellte.[14] Motive sind Wünsche, Träume, Sehnsüchte eines Menschen, die Handlungen auslösen, um einen Endzustand zu erreichen. Ich erkannte mich in meiner Hauptmotivstruktur – Wissensdrang, Kontaktstreben, Geltungsstreben – wieder und konnte mich ein Stück mehr verstehen. Ich war dabei, meine derzeitigen Hauptmotive zu bedienen. Eine fortdauernde Vernachlässigung der eigenen Bedürfnisse kann zu schlechter Laune, Missmut und zu Krankheiten führen. Denn Krankheiten sind Spiegelbilder der Seele. Diese tiefgreifende Erkenntnis machte mir Mut, weiter meinen Weg zu gehen.

Das Unternehmen meines Partners beschäftigte weit über 20 Trainer und war spezialisiert auf die ganzheitliche Performance-Steigerung der Vertriebsleistung. Einige Trainer habe ich kennenlernen und erleben dürfen – auch die beiden Geschäftsführer.

Da Frauen seinerzeit noch nicht in der Trainingswelt etabliert waren, war ich für die beiden Unternehmensgründer als Trainerin interessant. Das schmeichelte mir sehr, dennoch lehnte ich es ab, für diese Firma zu arbeiten, da ich gern weiterhin kreativ, selbstständig und eigenverantwortlich agieren wollte.

Als Trainerkollegen konnten wir uns zu den unterschiedlichsten Themen erschöpfend austauschen. Wir ergänzten uns und merkten, dass wir das ausbauen sollten – auch auf privater Ebene. Das taten wir später auch.

Meine Tochter Arabella ist für eine lange Zeit ihres jungen Lebens mit diesem Mann aufgewachsen. Er wurde für sie zu einem sehr wichtigen Menschen und ist es bis heute.

Sein Trainingsunternehmen agierte international, Arabella und ich konnten meinen Lebensgefährten oft begleiten. So lernte sie Schwimmen in Kitzbühel im Schlosshotel Lebenberg und Fahrradfahren auf Sylt. Arbeitsreisen führten uns nach München, Innsbruck, Salzburg und nach Dresden. Arabella ging noch nicht in die Schule, daher konnten wir unsere beruflichen Aktivitäten auch immer mit dem Privatleben verbinden, z. B. mit einem Besuch der Semper Oper in Dresden. Gern erinnere ich mich an uns drei in der Oper »Das Dreimäderlhaus«. Obwohl Arabella noch so klein war, genoss sie die Oper, sie war voll bei der Sache. Es war eine wunderbare Zeit zu dritt. Für Arabella war die Welt rund.

In dieser Zeit habe ich die Möglichkeit genutzt, um mein Wissen an diversen sehr hochwertigen Fortbildungsveranstaltungen des Trainingsunternehmens aus München zu vervollständigen. Eine Seminarveranstaltung hat mich besonders beeindruckt: Während eines Seminars in Kitzbühel im Rahmen des Kickoffs eines Pharmakonzerns fand ein sehr konfliktgeladener Workshop statt. Der Trainer beschloss, mit den Teilnehmenden den Raum zu verlassen. Wir sind gemeinsam mit der Seilbahn hoch auf die Fleckalm gefahren und blieben etwa drei Stunden dort oben. Jeder wanderte eine Zeit lang mit unterschiedlichen Gesprächspartnern, wir fuhren dann zu unserer Wirkungsstätte zurück und arbeiteten weiter. Die dicke Luft war verflogen. Jetzt war es möglich, konstruktive Lösungen zu finden. Mit dem Widerstand zu gehen, nicht dagegen, ist eine der wichtigsten Regeln für ein konstruktives (Führungs-) Verhalten.

Mein Rückzugsort, meine Heimat, meine Erholungsoase wurde mein späteres Haus in Fulda. Als Mieterin war ich 1998 zusammen mit meinem Lebensgefährten und meiner Tochter eingezogen, im Oktober 2003 konnte ich das Haus kaufen.

Ich erinnere mich, wie es dazu kam, als wäre es erst gestern gewesen, so beeindruckend ist das, was ich dabei erfahren durfte.

Ich war oft mit Arabella nach Fulda gefahren, damit sie auf unterschiedlichsten Spielplätzen spielen konnte. Ich hatte auch den Spielplatz hinter der Wiesenmühlenstraße entdeckt. Als Arabella zweieinhalb Jahre alt war, hatte ich dort geweint, wegen meiner unglücklichen Lage zu Hause und meiner lieblosen Ehe. Ich hatte mir die Reihenhäuser angesehen und gesagt: »So ein kleines Haus, das würde mir reichen, genau hier in dieser Gegend, das wäre ideal für Arabella und mich.«

Zwei Jahre später – ich lebte mit Arabella in Fulda in einer Dachwohnung – ging ich mit ihr wieder in dieser Gegend spazieren und sah unter einem halb hochgezogenen Rollo ein Wohnungsangebot mit einer Telefonnummer. Ich rief an. Eine ältere Dame lud mich zu einem Gespräch ein. Noch während wir zusammen saßen, sagte sie mir: »Ich habe zwar bereits jemand anderem zugesagt, ich möchte jedoch das Haus gerne an Sie vermieten. Sie erinnern mich sehr an meine Tochter, die leider verstorben ist. Ich werde das Haus an Sie und Ihre Tochter vermieten.«

Da in der Nähe auch eine Grundschule lag, gab es noch einen Grund mehr hierherzuziehen.

Für Arabella bedeutete unser Haus Heimat, kurze Wege zur Schule, zum Tennis, zur Musikschule, in die Stadt, später auch für Kneipenbummel. Unser Haus war eine Anlaufstelle für alle Freunde von Arabella, auch für Übernachtungsgäste. An der Anzahl und Größe der Schuhe konnte ich erkennen, wer im Haus schlief, und konnte dementsprechend das Frühstück richten. Es war eine tolle gemeinsame Zeit von 1998 bis 2004.

Mit einem hatte ich nicht gerechnet: In der Domgegend, in der ich nun wohnte, war unsere Familie anders als alle anderen. Ich war geschieden, lebte mit einem 20 Jahre älteren Mann zusammen, mit Kind und einer Nanny. Das war wohl für manche suspekt.

Als Arabella in die Schule kam, hat sie dies durchaus zu spüren bekommen. Plötzlich stellte sie fest, dass wir anders waren. Bis zur Einschulung war sie ein sehr glückliches, aufgeschlossenes, neugieriges Kind gewesen. Die Klassenkameraden stammten alle aus zumindest nach außen intakt erscheinenden Familien. Die Eltern hatten mindestens zwei Kinder und waren verheiratet.

Mir brach das Herz, als mir der Direktor der Grundschule einmal sagte: »Wissen Sie eigentlich, wie Arabella sich vorstellt? Ich heiße Arabella Tornow und bin ein Einzelkind.« Ich hatte mich über ihre oft gestellte Frage, »Mama, bin ich verwöhnt?«, gewundert und jedes Mal erklärt: »Nein, du hilfst, bist schon sehr selbstständig, kannst dich auch allein beschäftigen, unterstützt mich sehr, passt auf Branka – unseren Hund – auf und gehst regelmäßig mit ihm Gassi. Du bist ein wunderbares Kind, völlig in Ordnung und wenn wir dir etwas schenken, dann hast du das auch verdient.«

Von ihren Klassenkameraden bekam sie oft zu hören: »Du bist ein Einzelkind und verwöhnt.« Was Werte, Überzeugungen und Grundhaltungen in einem kleinen Menschen anrichten können, habe ich auch noch durch ihre Grundschullehrerin erleben müssen. Uns war immer wichtig gewesen, dass Arabella sich durchsetzen und selbst abgrenzen konnte und dadurch für sich gut sorgen kann. Genauso nicht gleichgültig durchs Leben zu gehen. Sie war echt, positiv, kontaktfähig und ging furchtlos auf andere zu. Bis sie zu dieser Grundschullehrerin in die Schule kam. Sie hatte feste Prinzipien und das ihr antrainierte Wertesystem im Hinblick auf ein normales Verhalten.

Arabella war in ihren Augen ein wildes Kind, und weil sie ein Scheidungs- und Einzelkind war, konnte es nur daran liegen. Arabella hatte bei ihr keine Chance.

Arabella wurde von Mitschülern oft als verwöhnt hingestellt und ihre Familie infrage gestellt, z. B. weil ihr Vater graue Haare hatte. Sie wurde als Einzelkind gehänselt. Arabella empfand das als ungerecht und verteidigte sich und uns. Wenn die Klassenlehrerin in die Klasse kam, saßen die anderen brav auf ihrem Stuhl, nur sie noch nicht. Wurde sie von einem älteren Schüler aus Versehen geschubst, hat sie sich selbst mit diesem Schüler auseinandergesetzt und für sich gesorgt.

Sie wurde von der Klassenlehrerin vor den anderen getadelt und zur Rechenschaft gezogen und bekam Eintragungen ins Hausaufgabenheft in Rot. Arabella hatte keine Chance, in den Augen der Klassenlehrerin war sie verzogen und aggressiv. Einmal musste Arabella sich in die Mitte eines Raumes stellen und alle Kinder sollten ihr sagen, was sie falsch machen würde.

Ich hatte so manche Aussprache mit der Lehrerin und dem Direktor der Schule. Unter anderem fragte ich, nach welchen Qualitätsmerkmalen Lehrer eingestellt würden. Seine Antwort: Es gibt keine, bis auf das Studium.

Mit einer Zwei in Betragen verließ Arabella nach der vierten Klasse die Grundschule, ging dann auf ein Gymnasium und hatte dort das Glück, einen sehr guten Pädagogen als Klassenlehrer erleben zu können.

Gemeinsam mit meinem Lebenspartner baute ich die Firmenstrategie von »Tornow & Partner« aus. Wir waren sehr erfolgreich. Yin und Yang. Männlich und weiblich.

Zunehmend spezialisierte ich mich auf die Themen Verkaufstraining, Kommunikation und Führungskräfteentwicklung. Zwei wesentliche Mentoren für mich waren Prof. Dr. Rupert Lay und Nikolaus B. Enkelmann. Insbesondere im Verkaufstraining profitierten die Teilnehmenden auch von meinem Wissen aus der Ladyschool – Stil und Etikette.

Flyer Tornow & Partner Erfolgstraining

Im gemeinsamen Training mit Roland Merten

Privat haben wir viel unternommen. Mein Lebensgefährte hat Arabella gezeigt, wie man richtig und sicher auf Bäume klettert, im Herbst mit ihr auf dem Kartoffelfeld ein Feuer entfacht und Kartoffeln gegrillt oder Paragliding mit Landung im Wasser beigebracht. Wir unternahmen eine Reise durch die Ägäis, auf den Spuren von Kleopatra und Johannes dem Täufer, ritten auf Eseln den Berg hinauf. In Frankreich haben wir Baron Rothschilds Domizil aufgesucht. In Italien waren wir häufiger. Auch im Heiligen Jahr 2000, hier bin ich auch das erste Mal nach meiner Scheidung wieder zur Kommunion gegangen. So ganz hatte ich die alten Werte noch nicht hinter mir gelassen; Gewissensbisse plagten mich hin und wieder.

Es war eine spannende, mir bis heute sehr wertvolle Zeit, an die ich sehr gern denke. Die gemeinsamen Momente voller Leichtigkeit und Lebensfreude haben gewiss Arabella auch in ihrem Lebensentwurf geprägt. Für gute Gefühle im Leben muss man selbst sorgen.

Obwohl ich beruflich nun auch hin und wieder bundesweit unterwegs war, konzentrierte ich mich wegen meiner Tochter auf die Stadt, in der ich wohnte. Ich konzipierte zahlreiche Seminare und setzte sie um, immer verbunden mit der Frage: Was brauchen die Menschen und Unternehmen? Was braucht der Mittelstand hier in meiner Region? Womit kann ich effektiven Nutzen bringen?

Natürlich auch: Wie kann ich Zuspruch generieren? So entstand meine Intensivreihe für das hiesige Arbeitsamt: »Wiedereinstieg in den Beruf für Frauen«, »Erfolgreich im Beruf – für Jugendliche« und »Erfolgreiche Strategien in der Arbeitswelt für arbeitslose Akademiker und Akademikerinnen«.

Ich bemerkte, dass Arabella zunehmend unsicherer wurde. Was ist nun richtig? Wie »richtig« oder »falsch« ist mein Verhalten? Für Dinge, für die ich zu Hause und in meinem privaten Umfeld Anerkennung bekomme, erhalte ich in der Schule nur Kritik.

Zur Einschulung hatte ich einen Psychologen zurate gezogen. Er bescheinigte Arabella, dass sie ein aufgeschlossenes und fröhliches, mutiges und kluges Kind war, und sagte: »Die kommt zurecht.« Nach zwei Jahren habe ich ihn erneut aufgesucht, da ich mir Sorgen machte. Er fragte: »Wo ist das Kind von vor zwei Jahren?«

Mein Lebensgefährte und ich nahmen uns viel Zeit und sprachen sehr oft mit Arabella über ihre Gefühle und die Unterschiede bei den Werten, die ein Mensch mitbringt.

Der Schwiegersohn meines Lebensgefährten war Oberstudienrat in einem Gymnasium. Wir waren oft in dieser Familie zu Besuch; es gab noch zwei Enkel. Der Schwiegersohn züchtete Schäferhunde. Arabella war gern dort und tobte mit beiden Jungen und den Welpen herum. Der Schwiegersohn sagte immer: »Arabella ist sowas von in Ordnung. Lasst nicht zu, dass sie schlechtgeredet wird.«

Doch sie war erst sechs Jahre alt. Der Wunsch, in der Schule dazuzugehören und keine Außenseiterin zu sein, ist natürlich größer als die entstehende Vernunft. Sie tat mir so leid, war mir doch selbst das Gefühl so bekannt.

Arabella und ich sprechen noch heute oft über diese Zeit und stellen fest, dass so manche »normale Familie« ebenfalls nicht intakt war. Ich hoffe, Sie sind frei von Vorurteilen und haben Toleranz in Ihren Werten etabliert. Anders ist nicht falsch – anders ist einfach anders.

Ich hatte immer wieder versucht, Kontakt zu meinen Eltern aufzunehmen, und im Jahr 2001, zur Kommunion meiner Tochter, gelang es mir. Die ganze Familie kam zur Kommunionsfeier von Arabella nach Fulda. Wir waren darüber sehr glücklich.

Reflexion

In der Lebensphase 7 geht es darum, herauszufinden, inwieweit unser aktuelles Leben zu unseren Überzeugungen und Vorstellungen passt. Gleichzeitig bietet diese Phase wieder Energien, um entsprechende Initiativen zu ergreifen.

Ich habe sehr schmerzlich miterleben müssen, wie das schulische Umfeld, das ich für Arabella gewählt hatte, meiner Tochter das Leben zusehends schwer machte. Ich habe erkennen müssen: Entscheidungen, die wir im Leben treffen, beeinflussen immer auch die zukünftige Lebensqualität unserer Kinder.

Die Lebensphase 7 ist eine faktische Phase, in der wir Bisheriges kritisch überprüfen.

Inwieweit werden unsere Gewissheiten von unserem Umfeld anerkannt? Wer teilt meine Überzeugungen? Wer unterstützt, wer behindert meine Initiativen? Wie gut kann ich mich mit meinen Argumenten durchsetzen? Welche Anerkennung finden meine Projekte, Vorschläge und Konzepte?

Beruflich lief für mich alles wunderbar. Arabellas Weg in der Schule habe ich, so gut ich konnte, begleitet und Wunden abgefedert. Mir haben diese Herausforderungen erneut aufgezeigt, wie wichtig persönliche Weiterentwicklung ist – besonders in »Führungsverantwortung«. Wir gleichen dem Geist, den wir begreifen. Führungsverantwortliche können andere nur so weit entwickeln, wie sie selbst entwickelt sind.

Lebensphase 8
Meiner Kompetenz vertrauen

45 Jahre bis 51 Jahre – Weltwissen aufbauen
Maximales gestalten: Wir lernen, unsere Kompetenz sachlich zu vermitteln. Eine Zeit höchster Willens- und Schaffenskraft: Wir wissen, was objektiv richtig ist, und gestalten gern mit anderen Menschen. Wir haben der Welt etwas zu bieten und werden es mit eigener Gestaltung durchsetzen. Wir handeln erfolgsorientiert und fragen nach Ergebnissen. Wir halten es miteinander aus.

Thema: an seine Kompetenz glauben, schaffen, mit anderen handeln

Fragen: Welche Ergebnisse und Erfolge kann ich für mich verbuchen? Wird meine Expertise anerkannt?

Diese Lebensphase ist eine Hochphase im Leben, in der vorhandene Willenskraft ihren Ausdruck finden will. Menschen mit dieser geballten Energie drängt es verstärkt dazu, mit anderen zu interagieren, eigene Konzepte und Ideen zu gestalten. Sie handeln gern unabhängig. In dieser Phase wirken Menschen oftmals egoistisch und rücksichtslos. Doch: »Für mich handeln« heißt nicht, gegen andere zu handeln!

Meinen Lebensgefährten und mich trennte ein Altersunterschied von etwa 20 Jahren. 2004 war ich 45 Jahre alt und entfaltete mich stärker, als er es offenbar verkraften konnte. Plötzlich brach ein Konkurrenzkampf aus, mein steigender beruflicher Erfolg kratzte an seinem Ego und es kam eine Zeit, die wirklich sehr unangenehm war. Es wurden Unwahrheiten verbreitet und er machte mir beruflich einiges kaputt.

In diese Zeit fielen die Machenschaften einer Stalkerin, die auf perfide Weise versuchte, mir meinen beruflichen Status – meine und Arabellas finanzielle Grundlage – zu zerstören. Bei meinen Kunden versuchte sie, mich in Verruf zu bringen. Noch tiefer traf es mich, als ich herausfand, dass sich mein Lebensgefährte als Trittbrettfahrer an diese Stalkerin angeschlossen hatte und ebenfalls versuchte, mir meine Anerkennung und meinen beruflichen Erfolg zu nehmen. Am schlimmsten war jedoch für mich, dass er auf sehr subtile Weise versuchte, mein Selbstwertgefühl und mein Selbstbewusstsein zu zerstören. Lange Zeit wollte ich dies nicht wahrhaben, denn ich vertraute ihm.

Eigentlich wollten wir nach fünf Jahren des Zusammenlebens heiraten. Nach zwei Jahren sagte er einmal im Streit: »Ich stelle dir die Koffer vor die Tür.« Diese Aussage machte mich seinerzeit bereits sehr stutzig. Groll stieg in mir auf: »Mich wirft kein Mann mehr aus einem Haus, so ähnlich habe ich das schon einmal erlebt, als mein Vater das Schloss auswechseln ließ.« Das Samenkorn des Zweifels war gesät. Als ich zudem noch merkte, dass er meiner Tochter das Leben mit Äußerungen schwer machte – »Ich lege mich jetzt in die Badewanne, wenn ich nichts mehr von mir gebe, rufe den Notarzt« –, beschloss ich nach Rücksprache auch mit ihr – wohl wissend, dass sie die Tragweite der Entscheidung noch nicht absehen konnte –, mich von meinem Partner zu trennen. Dieser Schritt fiel mir sehr schwer. Ich war sehr traurig, sogar wütend, denn ich hatte mit seinem Alter kein Problem. Ich wusste es ja vorher. Er war sich der Auswirkungen des Altersunterschiedes anscheinend nicht bewusst oder hatte darüber nie nachgedacht. Das tat er auch später nicht.

Dass er sich im Alter so entwickeln würde, hätte ich mir nicht mal ansatzweise vorstellen können. Reden half nichts. So ein Zuhause wollte ich Arabella und mir nicht für die nächsten Jahre zumuten. Die Trennung war ein sehr schmerzlicher Prozess mit unschönen Szenen.

Mit meinem heutigen Wissen aus der Kairologie hätte ich damals andere Fragen gestellt, genauer hingesehen und bewusst wahrgenommen, dass sich seine Persönlichkeit in der Lebensphase von 52 bis 59 Jahren nicht verändert, weiterentwickelt und abgerundet hatte, obwohl er Trainer war. Die Kairologie hilft uns dabei, die Bedeutungen zu verstehen, die wir Situationen, Dingen, Themen in verschiedenen Lebensphasen zuschreiben. Heute weiß ich darum. Mit fast 45 Jahren war ich in einer Phase, in der ich meine stärkste Willenskraft entfalten konnte und auch wollte. Ich hatte private und berufliche Wünsche an die Zukunft. Ich wollte nicht die nächsten 30 Jahre einfach immer so weiter machen. Er war mit 65 Jahren in einer Phase, in der es ihm darum ging, seinen Status quo zu bewahren.

Neid, Eifersucht, Missgunst, Zweifel, Selbstzweifel, Angst sind Gefühlsgifte, die uns daran hindern, positiv dialogfähig zu bleiben.

Reflexion

Wie können sich Menschen so negativ entwickeln? Er war ein kluger Mann, vielleicht im Spannungsbogen zwischen Genie und Wahnsinn. Ich habe mich viel später nochmals mit ihm getroffen, um diese wunderbare und auch sehr traurige Lebensphase abschließen zu können.

Er hat mich über Jahre hinweg aufgebaut, wir sind miteinander und aneinander gewachsen, aber ich habe erlebt, wie sich gezieltes Untergraben des Selbstwertgefühls anfühlen kann. Gekränkter männlicher Stolz und Eitelkeit sind mögliche Ursachen für bösartige Verhaltensweisen. Damit möchte ich keinesfalls sagen, dass dies eine typisch männliche Verhaltensweise ist. Er hatte seine Persönlichkeit in dieser Lebensphase nicht abgerundet.

Meine Stalkerin versuchte noch viele Jahre lang, mein Umfeld rebellisch zu machen und meine Geschäftspartner in Salzburg negativ zu beeinflussen. Sie rief sogar noch meinen heutigen Mann an und riet ihm, von mir Abstand zu nehmen. Es war die Hölle!

Gleichzeitig durfte ich jedoch auch erleben, wie gut es für mich war, dass Menschen mich und meine Arbeit schätzten – und dass ich mir ein gutes, solides Image aufgebaut hatte. Mein Umfeld hat mich als authentisch, stimmig und glaubhaft wahrgenommen. Ohne diese Menschen, die hinter mir und zu mir standen, hätte ich es nicht geschafft.

Heute weiß ich, dass ich diesen Mann geliebt habe – ich war traurig und enttäuscht darüber, dass er mein Vertrauen und meine Hoffnungen, eine Familie für mich und Arabella haben zu können, missbraucht hat. In meinen Augen hatte er alles zerstört, auch unsere wunderbare berufliche Partnerschaft auf Augenhöhe. All das musste ich hinter mir lassen. Unbewusst habe ich fast ein Jahr lang in meiner Garderobe nach dunkler Kleidung gegriffen.

Mir war auch schnell klar, dass wir unseren Rosenkrieg nicht in der Öffentlichkeit austragen durften. Als Coachin und Beraterin sollte ich für andere Menschen Probleme lösen und nicht unterschwellig eigene Probleme einbringen. Gleichzeitig arbeitete ich immer weiter und zeigte wieder einmal nie nach außen, wie es mir eigentlich ging.

Es war nur einer der Kämpfe, die ich austrug, ich kämpfte an vielen Fronten. In den Tennisclub nahm ich unseren Hund Branka mit, der natürlich auch von Zeit zu Zeit sein »Geschäft« erledigen musste. Darüber rümpften einige Gattinnen die Nase – ich wurde von diesen Menschen nie ernst genommen und respektiert, immer belächelt. Ich tat so, als würde ich es nicht merken, habe mein Leben gelebt, für mich und meine Tochter.

Arabella spielte seit ihrem vierten Lebensjahr Tennis. Sie war sehr gut. Im Sommer fuhr sie gern ins Tenniscamp. Als selbstständige, nun wieder alleinerziehende Mutter brachte ich, wenn ich an der Reihe war, Obst oder einen gekauften Kuchen mit in den Tennisclub. Einmal sagte eine Mutter, verheiratet, ein Kind, Gattin eines angesehenen Arztes: »Ortrud, auch du musst mal was Anständiges, Ordentliches hier mitbringen, nicht einfach nur kaufen.« Ihre Welt sah eben völlig anders aus. Meine freie Zeit gehörte Arabella.

Reflexion
Pflegen Sie Beziehungen mit Menschen, die Ihnen guttun. Soziale Kontakte sind wichtig für eine gesunde Psyche. Aber halten Sie sich fern von Menschen, die Sie herunterziehen. Was kränkt, macht krank. Zum Glück habe ich mich schützen können.

Ich habe meine Kairosmomente zur Entscheidungsfindung wahrgenommen, unbewusst erkannt und genutzt. Kairos bedeutet »den günstigen Augenblick nutzen«.

Ein Kairos enthält eine Art von »Sollen«, das seine Rechtfertigung in sich selbst hat. Es wird erfahren als ein Gebot der Würde und Selbstachtung.

Wann gehen Sie innerlich in den Widerstand und wie gehen Sie damit um? Nehmen Sie ihn ernst, nehmen Sie sich selbst ernst? Wie kommunizieren Sie Ihre inneren Widerstände? Kommunizieren Sie diese überhaupt? Was unternehmen Sie, um gut für Sie selbst zu sorgen und Ihre Zukunft möglich zu machen? Für gute Gefühle im Leben muss man selbst sorgen.

Wieder einmal musste ich meine Komfortzone verlassen. Es war nicht leicht für mich, erneut vieles aufzugeben und mich auch beruflich wieder neu auszurichten. Zum Glück hatte ich das Haus 2003 auch mit dem Geld, das meine Eltern mir dann doch überlassen hatten, gekauft.

Meine Willenskraft und mein Gestaltungswille drängten mich, neue Herausforderungen anzugehen. Arabella war mittlerweile 13 Jahre alt und mitten in der Pubertät. Mittlerweile gab es neben der »Ersatzoma« noch eine 17-jährige junge Frau, die Tochter eines eng befreundeten Ehepaares, welche mit Arabella Hausaufgaben machte und sie sich auch um sie kümmerte, wenn ich nicht da war. Mein weiblicher Freundeskreis, bestehend aus fantastischen lebensklugen Frauen, die Arabella und mir wohlwollend zugetan waren, unterstützte uns ebenfalls.

Das Institut Tornow & Partner habe ich allein weitergeführt. Allen bösen Wünschen meines Ex-Partners zum Trotz war ich weiterhin erfolgreich und habe zudem noch eine Ausbildung zum systemischen Coach und Berater in der dta-Akademie Hamburg erfolgreich abgeschossen.

Die von Dr. Angelika Hamann gegründete »Deutsche Trainer und Führungskräfte Akademie« gehörte in Deutschland zu den besten Ausbildungseinrichtungen für Coaches. Als eine der Ersten hatte Angelika Hamann ein Coaching-Buch geschrieben[15]. Die Ausbildung war hervorragend. Ich stellte wieder einmal fest, wie viel ich noch nicht wusste. Es erstaunte mich im Nachhinein sehr, dass ich mich als Quereinsteigerin am Markt bisher hatte behaupten können. Während dieser Ausbildung lernte ich u. a. auch das Management-Tool »SIZE Success«[16] kennen, das bis heute ein fester Bestandteil für meine Coachings auf Managementebene ist. Es basiert auf den fünf Ich-Zuständen aus Eric Bernes Transaktionsanalyse (TA genannt)[17] und zeigt sich in der Ausprägung von sechs Persönlichkeitsanteilen. Meine Struktur beruhte auf der Basis des aktiven Persönlichkeitsanteils, dann kam der bewahrende, gefolgt vom einfühlsamen und dem kreativen Anteil. Es folgte der analytische Persönlichkeitsanteil, und am wenigsten ausgeprägt war bei mir der ruhige Anteil. Ich war sehr überrascht über die Erkenntnisse zu meiner eigenen Persönlichkeit, hatte ich doch immer geglaubt, ein Rebell zu sein. Mein Handeln war meist zielklar und manchmal burschikos – so gar nicht ladylike. Ich gehörte zu den seltenen fünf Prozent, die den aktiven Part als Basis haben. Und das als Frau. Oje, wer will denn so jemanden wie mich an seiner Seite haben?

Die SIZE Success-Persönlichkeitsanalyse[15]

»Wenn es ein Geheimnis für den Erfolg im Leben eines Menschen gibt, dann ist es, Dinge mit anderen Augen zu sehen.«
Henry Ford

Ein Perspektivwechsel kann helfen, andere Blickwinkel einzunehmen. Damit er möglich wird, muss die eigene Sichtweise zunächst als beschränkt, verengt oder gar »falsch« erkannt werden. Voraussetzung für einen Perspektivwechsel ist die Erkenntnis sowie die Offenheit und Bereitschaft, sein **Denken verändern** *zu wollen und zu lassen:*

»Ich weiß, dass ich nichts weiß« (Sokrates). Wer nur recht behalten oder sich in seiner Weltanschauung bestätigt sehen will, ist zu einem Perspektivwechsel nicht fähig. Der Bereich des blinden Flecks ist groß oder viele Potenziale sind unausgeschöpft.

Ein sorbisches Sprichwort fragt: »Was will der Blinde mit einer Laterne?« Gegen einen trüben Blick auf sich, auf andere und auf die Dinge hilft keine Brille. Ein wirksamer Ausweg ist, die **Perspektive zu wechseln**. *Nur ist das leichter gesagt als getan.*

Modelle helfen uns dabei, komplizierte Sachverhalte besser zu verstehen. Ich bin froh, das Kommunikations- und Persönlichkeitsmodell SIZE Success kennengelernt zu haben. Es war für mich selbst aufschlussreich und bietet mittlerweile in meinen Coachings für Menschen, die anspruchsvolle Aufgaben übernehmen wollen oder sich in anspruchsvollen Positionen befinden, eine wertvolle Basis für zielgerichtetes Handeln.

»Je mehr ein Mensch sich selbst begriffen hat, umso eher kann er auch andere begreifen.«
Stefan Zweig

Was wir hören, ist oft nur eine Meinung, kein Fakt. Was wir sehen, ist eine Perspektive, nicht die Wahrheit.

Jeder Mensch entspricht in seinem Verhalten einem bzw. mehreren der so genannten »Persönlichkeitsaspekte«:

Kreativ: der humorvolle Kontaktmensch
- *Ich bin beweglich, geistig wie körperlich.*
- *Ich komme mit allen Leuten schnell in Kontakt.*
- *Ich bin sehr spontan und schnell entschlossen.*
- *Ich stelle mich gern in den Mittelpunkt.*

Aktiv: der Abenteurer
- *Ich bin mutig und durchsetzungsfähig.*
- *Ich bin jemand, der die Dinge in Gang bringt.*
- *Erfolg ist das, was für mich zählt.*
- *Ich kann mich an alles anpassen, wenn ich etwas davon habe.*

Ruhig: der fantasievolle Beobachter
- *Ich bin eher still und zurückhaltend.*
- *Ich kann mir Dinge und Ideen sehr gut visionär vorstellen.*
- *Ich habe eine ausgeprägte Abstraktionsfähigkeit.*
- *Ich kann in aller Ruhe einfach nichts tun.*

Analytisch: der gewissenhafte Denker
- *Ich bin gewissenhaft und zuverlässig.*
- *Ich arbeite meist strukturiert und organisiert.*
- *Ich bin leistungs- und zielorientiert.*
- *Ich orientiere mich an Daten und Fakten.*

Bewahrend: der wachsame Werteorientierte
- *Ich bin sehr ausdauernd und beständig.*
- *Ich bin sehr verantwortungsbewusst und zuverlässig.*
- *Ich weiß meist ganz genau, was richtig und was falsch ist.*
- *Ich orientiere mich an Werten und Bewährtem.*

Einfühlsam: der fürsorgliche Gefühlsmensch

- *Man sagt von mir, dass ich einfühlsam und warmherzig bin.*
- *Ich bin ein offener und kompromissbereiter Mensch.*
- *Ich erlebe Gefühle meist sehr intensiv.*
- *In Gruppen sorge ich für Harmonie und Ausgleich.*

Es gibt keinen besseren oder schlechteren Aspekt, keine begabten oder unbegabten Persönlichkeiten; keiner ist mehr oder weniger wert. Wir entwickeln unseren Basis-Persönlichkeitsaspekt früh im Leben und dieser bleibt lebenslang bestehen.

Die Persönlichkeitsaspekte haben starke und schwache Seiten, sie begründen positive Eigenschaften und führen – unter Stress – zu negativen Verhaltensformen.

Manchmal stehen wir unter Stress, wenn wir nicht genügend positive Aufmerksamkeit, die wir alle brauchen, erhalten. Dann setzen wir eine »Maske« auf, kommunizieren unzureichend mit anderen und verhalten uns unproduktiv.

Je mehr wir über uns selbst und unsere Bedürfnisse erfahren, desto mehr verfügen wir über Mittel, positive Beziehungen und Kommunikation zu erreichen. Und mehr »Positives« bedeutet weniger »Negatives«.

Jeder Mensch besitzt alle Eigenschaften der verschiedenen Persönlichkeitsaspekte. Wie bei unseren Vorlieben in Bezug auf unsere Wohnverhältnisse bevorzugen wir individuell eine bestimmte Architektur der Persönlichkeitsaspekte.

Einige von uns werden vielleicht nur ein Erdgeschoss bauen und keine weiteren Etagen wünschen. Diese Menschen scheinen genau der Beschreibung eines reinen Persönlichkeitsaspektes zu entsprechen.

Andere Personen hingegen »bauen« eine oder mehrere Etagen auf ihr Erdgeschoss. Je nach der Etage, die die Person gerade baut, können wir erraten, was er oder sie unter Stress tun wird.

Die Transaktionsanalyse[17]

*Ein weiteres wertvolles Lebens- und Kommunikationsmodell ist für mich die Transaktionsanalyse. Sie wurde 1957 von Eric Berne, einem amerikanischen Psychiater, entwickelt[18]. Sie ist ein **auf der Psychoanalyse basierendes Modell der Persönlichkeit und der Interaktionen**. Dabei beschreibt eine Transaktion stattfindende Kommunikation: das bewusste und unbewusste Austauschgeschehen zwischen Menschen und ihrer Umwelt, sowohl verbal als auch nonverbal. Die Transaktionsanalyse – obwohl ursprünglich und hauptsächlich eine Psychotherapiemethode – kann auch »gesunden« Menschen helfen, sich selbst und andere besser zu verstehen und ein erfülltes Leben zu genießen. Sie gehört zur humanistischen Psychologie und sieht den Menschen, der von Natur aus in der Lage ist, ein selbstständiges, autonomes Leben zu führen, als ein ganzheitliches System.*

In meiner Ausbildung zur systemischen Coachin und Beraterin habe ich dieses Modell kennen und schätzen gelernt. Heute ist es ein wesentlicher Bestandteil meines individuellen Coachings und Trainings in Verbindung mit dem SIZE Success-Persönlichkeitsmodell, das auf ihr aufbaut.

Diese Synthese ist in meiner Arbeit einzigartig. Ich setzte sie ein, wenn es darum geht, die Kommunikation zu verbessern – beruflich und privat. Das Wissen aus der Transaktionsanalyse hilft dabei, Konflikte souverän zu lösen und andere richtig einzuschätzen. Sie ist eine weitere Möglichkeit, aktiv Perspektivwechsel zu betreiben und sich selbst zu coachen.

Die Transaktionsanalyse bietet zahlreiche Konzepte für unterschiedliche Situationen, Lebensbedingungen und Persönlichkeiten. Ihre Konzepte sind z. B. die sechs Ich-Zustände: das kritische Eltern-Ich, das fürsorgliche Eltern-Ich, das natürliche Kindheits-Ich, das angepasste Kindheits-Ich, das rebellische Kindheits-Ich und das Erwachsenen-Ich. Aufschlussreich im Hinblick auf unser Fühlen, Denken und Handeln sind in Verbindung mit der Transaktionsanalyse die Auswirkungen unserer inneren Antreiber und unseres Lebensskripts sowie deren Einfluss auf unsere Kommunikation mit uns selbst und anderen.

Meine Aufzeichnungen und Erklärungen zur *Transaktionsanalyse* haben nicht den Anspruch, ihre zahlreichen Möglichkeiten vollständig und ausführlich zu betrachten. Mir geht es vielmehr darum, zu erkennen, wie wertvoll es sein kann, seinen eigenen Gestaltungshorizont immer wieder zu vergrößern, und immer mehr in die Lage zu kommen, bewusst das eigene Leben zu gestalten, und die Fähigkeit zu entwickeln, Verantwortung für sich und sein Handeln zu übernehmen.

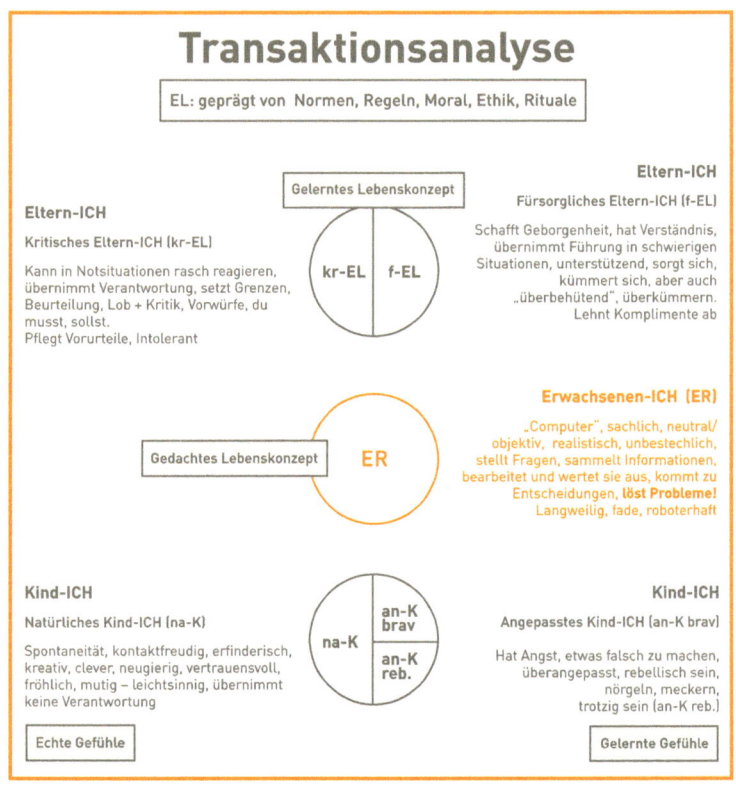

Die Ich-Bereiche können sich positiv auswirken:

Kritisches Eltern-Ich
- Kann in Notsituationen rasch entscheiden
- Legt hohe Maßstäbe an
- Übernimmt Verantwortung
- Normen und Traditionen geben Sicherheit

Fürsorgliches Eltern-Ich
- Schutz schafft Geborgenheit
- Übernimmt Führung in schwierigen Situationen
- Hört geduldig zu
- Hat Verständnis

Erwachsenen-Ich
- Sammelt Informationen
- Geht Ursachen auf den Grund
- Problemlösendes Verhalten
- Löst Konflikte durch Konfrontation
- Entscheidungsfreudig
- Aktiv
- Offen
- Selbstständig

Natürliches Kindheits-Ich
- Begeistert
- Wirkt witzig, charmant
- Kann genießen
- Spontan
- Phantasievoll

Angepasstes Kindheits-Ich
- Kann auf Kompromisse eingehen
- Nimmt Rücksicht auf andere
- Ist bescheiden

Sie können sich auch negativ auswirken:

Kritisches Eltern-Ich
- *Unterdrückend*
- *Intolerant*
- *Sucht Fehler bei anderen*
- *Reagiert mit Ärger und Wut*
- *Lehnt Neues eher ab*
- *Pflegt Vorurteile*

Fürsorgliches Eltern-Ich
- *Schafft Abhängigkeiten*
- *Unterdrückt mit Höflichkeit*
- *Fühlt sich wenig beachtet*
- *Traut anderen wenig zu*
- *Lehnt Komplimente ab*
- *Nimmt sich »Probleme« lieber selbst an*
- *»Meint es gut« mit anderen*

Erwachsenen-Ich
- *Wenig Emotionen*
- *Langweilig*
- *Fade*
- *Roboterhaft*

Natürliches Kindheits-Ich
- *Ungestüm*
- *Unkontrolliert*
- *Leichtsinnig*
- *Rücksichtslos*
- *Übernimmt keine Verantwortung*
- *Impulsiv*
- *Flippt aus*

Angepasstes Kindheits-Ich
- *Überangepasst*
- *Zieht sich schnell zurück*
- *Hat Angst, etwas falsch zu machen*

Meine Seminare und Workshops erhielten durch diese Ausbildung zusätzliche Qualität. Mein Bestreben war und ist, Menschen und Unternehmen Nutzen zu bringen. So interessierte ich mich bereits 2004 für das Thema »Unternehmensentwicklung auf der Basis gemeinsamer Werte« und vertiefte dieses Wissen auch im Bereich Corporate Communication. Dabei geht es um die aktuelle Bestimmung, den Zweck, die Absicht eines Unternehmens (Purpose) herauszuarbeiten. Diese gemeinsamen Werte bilden die Basis für alle täglichen Interaktionen intern sowie im Kontakt mit Zielpartnern. Mittlerweile ist das Thema »Unternehmensentwicklung auf der Basis gemeinsamer Werte« aktueller denn je. interkulturelle Zusammenarbeit, Generationsmanagement und Inklusion sind Herausforderungen an alle Beteiligte in einem Unternehmen.

Eine wunderbare Seminarkonzeption gelang mir 2005: »Die Kunst, sich selbst und andere zu führen.« Wie passen Ethik und Wertschöpfung zusammen? Dieser Frage ging ich mit einem Managementseminar, ergänzt um das Thema Gesundheit und Spiritualität, nach. Meine Partner waren ein Facharzt für Innere Medizin, Sportmedizin, Präventivmedizin, Diabetologie und ein Pater, seinerzeit OFM im Kloster in Fulda. Als ich einen einflussreichen Unternehmer fragte, wie er die Chancen sehe, dieses Seminar zu platzieren, sagte dieser: »Da wird aus unserer Region keiner hingehen.« Wenig später wurden diese Themen auf zahlreichen Wirtschaftstagen und Unternehmensveranstaltungen aufgegriffen. Und in meinen Workshops für Kliniken nahm die Thematik einen großen Raum ein.

Für meine Kunden veranstaltete ich Kompetenztage. Ich hatte dazu erfolgreiche Persönlichkeiten und auch Profis aus der Beratungs- und Coachingszene eingeladen: Hannes Sieber von Sieber Dialog, den Begründer der SIZE Success Management Analyse[16] im deutschsprachigen Raum, Markus Hausner, ein Pionier in Sachen DISG Persönlichkeitsmodell[18], Dr. Angelika Hamann aus Hamburg und Prof. Felix von Cube, Verhaltensbiologe. Sein Buch »Lust an Leistung« bildete die Basis für das Thema »Arbeiten im Flow.«[19] Mehr denn je ging es darum, Talente und Potenziale zu entdecken und zu fördern, denn:

*»Nur wer Spaß an seiner Arbeit hat,
kann auf Dauer Gutes leisten.«
Felix von Cube*[18]

Kompetenztag für Unternehmerinnen mit Dr. Angelika Hamann (Gründerin und Inhaberin dta – Deutsche Trainer und Führungskräfte-Akademie, Hamburg). Das Thema: Führen – Fordern – Motivieren

Im November 2005 verstarb mein Vater. Das war sehr schmerzhaft für mich. 2008 starb dann auch noch meine Mutter und damit endete das letzte Stück »Kind sein«. Der Kontakt zu meiner Schwester brach ab, auch wegen Erbauseinandersetzungen und wohl vor allem wegen der unterschwelligen unerledigten Diskrepanzen: Eine hatte die Arbeit und die andere – das war ich – hatte (scheinbar) das schöne Leben.

Reflexion
Heute kann ich ohne Groll zurückblicken. Ich bin dankbar für die angenehmen und wertvollen Zeiten, die ich mit meiner Familie erleben durfte. Dankbar bin ich heute auch für die Widerstände, die es bisher in meinem Leben zu bewältigen gab. Gerade durch diese Widerstände konnte ich persönlich wachsen, reifen und meinen Bezugsrahmen deutlich vergrößern. Denn: »Gegenwind formt den Charakter«.

So richtig verstanden habe ich meine Eltern erst durch das Wissen um Generationen und ihre Prägungen, das ich während des Studiums der Kairoswis-

senschaft 2012 erwarb. Mit diesem Wissen konnte ich ihnen auch aus meinem Herzen heraus verzeihen.

Kein Mensch ist ohne Vorgeschichte. Die Generation, die Kriege miterleben musste, hat tiefere Wunden, als ich sie hatte. Bei mir ging es »nur« um die Lebensgestaltung und darum, dafür zu sorgen, nicht »gelebt« zu werden, sondern aktiv das eigene Leben zu gestalten und sich zu entfalten.

Ich habe erfahren dürfen, dass das Leben wunderschön sein kann. Ich habe erleben dürfen, dass ich die Chancen und Möglichkeiten, die das Leben bietet, nutzen und mitgestalten kann, wenn ich Mut entwickle. Ich habe gelernt, dass die Vergangenheit uns immer wieder einholt, wenn wir sie nicht aufarbeiten, und dass wir gezwungen werden, diese immer wieder neu zu durchleben.

Ich habe gelernt zu verzeihen, auch mir selbst. Ich habe gelernt, Vertrautes loszulassen. Ich habe erfahren dürfen, dass in jedem Mangel auch eine riesige Chance stecken kann. Das Leben bietet uns die Möglichkeit, zu reifen und uns zu entwickeln.

Es gehört Mut dazu, sich mit sich selbst zu beschäftigen, sich selbstkritisch zu betrachten, sowohl die Stärken bewusst wahrzunehmen als auch Schwachstellen zu erkennen. Wir müssen lernen, diese zu akzeptieren und/oder diese auch zu kontrollieren. Dies setzt die Fähigkeit zur Selbstreflexion voraus.

Jede Lebensphase bietet uns die Möglichkeit, persönlich zu reifen, zu wachsen und so die nächste Lebensphase auf einer anderen Ebene möglich zu machen. Die Zeit zwischen 39 und 45 ist eine Aufbruchsphase. Sie bietet Energie für einen Neustart, den ich umgesetzt habe. Im Nachhinein weiß ich, dass dies nur möglich war, da ich mich in meiner vorherigen Lebensphase intensiv mit meinen inneren und äußeren Widerständen auseinandergesetzt und Lösungen gefunden hatte, die allerdings auch schmerzliche Konsequenzen nach sich gezogen haben.

Ereignisse und unsere Wahrnehmungen erhalten in jeder Lebensphase eine andere Bedeutung. Meist nehmen wir dies nicht wahr. Mit 20 sehen wir die Kinderwagen, die es um uns herum gibt, noch nicht, mit 30 Jahren schon eher. Mit 40 werden diese uns auch nicht mehr wichtig sein, da wollen wir eher Projekte managen. Also fragen Sie sich: Was ist mir jetzt wirklich wichtig?

Ich folgte in dieser Phase meinem »Kairos«. Das setzt die Fähigkeit voraus, sich selbst gegenüber achtsam zu sein, in sich hineinzuhören, mit sich selbst immer wieder in Beziehung zu treten.

Es war richtig, dass ich mit 45 nicht den einfachen, duldsamen Weg gegangen bin und die Opferrolle eingenommen habe, sondern den Mut hatte, ohne die mir lieb gewonnenen Annehmlichkeiten meine Zukunft zu gestalten. Eine gesunde Portion Selbstliebe hilft, die Stolpersteine des Lebens zu überwinden. Daher bin ich für meine ersten Lebensphasen dankbar, in denen ich ein tiefes Urvertrauen aufbauen konnte, das mir bis heute erhalten geblieben ist.

Ich liebe Herausforderungen. Ein Geschäftsfreund eröffnete 2005 im belarussischen Darwin eine Näherei und verhalf 200 Frauen zu einem Beruf. Er war dort sehr angesehen. Da ich für sein Unternehmen und mit seinen Mitarbeitern auch Trainings durchführte, kam uns eine Idee: Er hatte während des Aufbaus dieser Näherei deutliche Defizite in der Kommunikation auf beiden Seiten erkannt.

Eine Geschäftsidee war geboren. Wir wollten Seminare zu diesem Thema auf Kreuzfahrtschiffen im russischen Raum anbieten. Ich erstellte die entsprechenden Konzeptionen, die auf Russisch übersetzt wurden. Wir erhielten einen Termin bei dem entsprechenden Minister in Minsk und flogen dorthin. Bereits als sein Fahrer uns abholte, bemerkte ich während unserer Gespräche, dass in Russland Frauen zwar arbeiten dürfen, auch in gehobenen Positionen, doch das Sagen haben die Männer. Der Minister sprach ausschließlich mit meinem Geschäftsfreund. Er blickte mich nicht einmal an. Als wir in unserer Unterkunft angekommen waren – es war Winter und sehr kalt –, floss der Wodka in Strömen. Als ich am Ende des Abends auch noch meine Zimmertür verbarrikadieren musste, war für mich klar: Das war nichts für mich.

2008 wollte ich noch einmal wissen, ob ein Vertrieb, wie ich ihn mittlerweile praktiziere und in meinen Workshop-Veranstaltungen trainiere, auch in einem anderen Land funktionieren könnte.

Durch Seminare im Salzburger Raum hatte ich Kontakt zu einem Unternehmer, der für den Marketingbereich eines der größten Landmaschinenhersteller verantwortlich war. Er hatte sich als Werbefachmann selbstständig gemacht und bot mir eine Bürogemeinschaft in Salzburg an. Schon lange hatte ich geplant, im Alter einen zweiten Wohnsitz in meiner Lieblingsgegend Salzburg zu haben, die Kultur und das Flair, die österreichische Höflichkeit zu genießen.

Ich trat dem Club »Frau in der Wirtschaft« in Salzburg bei und erhielt bald erste Aufträge. Auch im Club fühlte ich mich sehr wohl. Alle Mitglieder waren Unternehmerinnen wie ich. Sie interessierten sich für meine Themen und

Vorgehensweisen und so habe ich den ein oder anderen Vortrag auch dort gehalten.

Alle drei Monate war ich in Salzburg. Im Golfclub St. Johann im Walde war ich Mitglied. Wenn Arabella konnte, kam sie mit. Mit 50 Jahren zog ich Bilanz: Ich hatte einiges erreicht, lebte als Single glücklich und gestaltete mein Leben gehaltvoll. Ich vermisste nichts.

Meine freie Zeit gehörte Arabella und Branka

Nach wie vor bereitete mir mein Beruf Freude, meine freie Zeit gehörte Arabella, wenn sie denn wollte. Mittlerweile war sie in der Pubertät. Da ich keine »Glucken-Mama« werden wollte, die durch Überfürsorge keinen Platz zur Selbstentfaltung lässt, sorgte ich für eine zusätzliche Möglichkeit, meine Energie fließen zu lassen. Ich widmete mich der Lokalpolitik. Meine Wahrnehmung war, dass Macht, Position und Klüngel auf allen Ebenen fester verankert waren als weitsichtiges, ganzheitliches Denken im Sinne des aktuellen Zeitgeistes. Da ich mich dort nicht wiederfand, habe ich der Politik schnell wieder den Rücken gekehrt.

Meinen 50. Geburtstag feierte ich in der Rhön, mit allen wertvollen, mir und Arabella wohlwollend zugewandten bisherigen Wegbegleiterinnen und Wegbegleitern in der Enzianhütte. Es war ein sehr schönes und bewegendes Fest. Von meiner Grundschullehrerin über die Tenniskolleginnen, Schulfreundinnen und Cousinen bis zur Heilpraktikerin und deren Ehemann und zahlreichen Geschäftsfreunden waren alle gekommen. Noch heute denke ich gern an dieses besondere Fest und an die Einlage, die mir der Ehemann meiner Heilpraktikerin schenkte: Mit fast 90 Jahren spielte er auf seiner Geige das Wolgalied. Seine Frau hatte mich durch eine Vielzahl meiner Höhen und Tiefen mit ihrer Heilkunst begleitet.

Immer mehr spürte ich den Drang, mit anderen meine berufliche Welt zu gestalten. Im September 2009 bin ich Gesellschafterin der dta international mit Sitz in München geworden, vormals die dta – Deutsche Trainer- und Führungskräfte-Akademie, in der ich 2004 meine Ausbildung zur systemischen Coachin und zur Beraterin absolviert hatte. Unser Ziel war es, die Trainerausbildung wieder zu aktivieren und gemeinsam mit ausgebildeten Trainern »Großprojekte« zu begleiten. Ich erinnere mich an ein Projekt in Nordrhein-Westfalen, das wir über zehn Jahre begleitet haben. 800 Führungskräfte haben wir in dieser Zeit weiterentwickelt und dadurch signifikant für mehr Wertschöpfung, mehr Qualität, bessere Mitarbeiterbindung und -gewinnung, die Reduzierung von Konflikten und eine verbesserte Kommunikation nach innen und außen Sorge getragen.

Offizieller Einstieg als Gesellschafterin der dta international, Gründungsfeier im Maritim in Fulda. V. l. Wolfgang Widder, Dr. Angelika Hamann, Ortrud Tornow, Dr. Albrecht Ebertzeder

Im November 2009 nutzten wir den Rahmen des ersten Leadership-Kongresses des QPool 100, einer Qualitätsgemeinschaft internationaler Wirtschaftstrainer und Berater, um die besten Absolventen der Trainerausbildung 2008/2009 zu ehren. Mit einer feierlichen Abendveranstaltung in einem wunderschönen Ambiente einer Villa in Frankfurt rundeten wir diesen Tag ab, zu dem ich langjährige Kunden von mir eingeladen hatte. 2010 stellte ich unser Team dta international und seine Möglichkeiten den Unternehmen in Fulda vor. Ich lud zu meinem etablierten Kompetenztag ein. Das Thema lautete: »Persönliche Kompetenzen nachhaltig schärfen«. Das Echo war groß. Im folgenden Jahr wurde ich in den Trainerverband aufgenommen.

Im September 2010 haben meine langjährige Mitarbeiterin und Koordinatorin und ich ihr zehnjähriges Dienstjubiläum bei Tornow & Partner in Salzburg gebührend gefeiert. Meine dortigen Kontakte entwickelten sich gut. Ich gestaltete also meine Lebensphase zwischen 45 und 52 Jahren sehr intensiv. Arabella war die meiste Zeit in Berlin und ich als glücklicher Single brauchte mich nur um mich zu kümmern.

Als ich 2012 mein Studium der Kairoswissenschaft begann, war ich zum Teil sehr erschrocken. Offensichtlich war ich fähig, intuitiv die richtige Entscheidung für mich zu treffen und meine vorhandenen Energien aktiv zu nutzen und auch Markttrends frühzeitig zu erkennen.

Wenn mir jemand vor 15 Jahren gesagt hätte, ich würde auch wandern oder lieber essen gehen, anstatt die Welt zu erkunden, Ski zu fahren, Reisen zu unternehmen, mich weiterzubilden oder tanzen zu gehen, hätte ich früher geantwortet:

»Da fängst du an, alt zu werden, du wirst ja zum Einsiedler, da fehlt doch Inspiration und Aktion. So lebt man, kurz bevor man stirbt.«

Nun, ich bin noch immer fit, kreativ, lebenslustig, habe Ideen und möchte immer noch die Welt aus den Angeln heben. Ich genieße es sehr, mit vertrauten Menschen zusammen zu sein, mich auszutauschen, zu philosophieren und über aktuelle Themen zu diskutieren, in einem schönen Ambiente essen zu gehen und gemeinsame Pläne zu schmieden.

»Wenn du etwas von ganzem Herzen wünschst, dann werden dir alle Kräfte des Universums dabei helfen, deinen Wunsch zu verwirklichen.«
Aus »Der Alchimist« von Paulo Coelho[20]

Am Ende dieser Lebensphase wurde ich plötzlich weicher und gefühlvoller, war offen für Begegnungen und konnte mir sogar wieder eine Beziehung vorstellen. Ich spielte regelmäßig mit drei sehr geschätzten Freundinnen Tennis. Wir unternahmen Silvester 2009 gemeinsam eine Wanderung in der Rhön mit anschließender Übernachtung auf der Enzianhütte. Trotz eines starken Nebels, in dem wir uns verlaufen hatten, kamen wir rechtzeitig vor Mitternacht dort an. Noch heute sprechen meine Freundinnen mich oft auf diese gemeinsame Silvesterwanderung an: »Weißt du noch? Damals sagtest du, 2010 wird ein Jahr, in dem du bestimmt wieder einen Mann kennenlernen würdest, mit dem du zusammen sein willst.«

Reflexion
Heute kann ich mir diese Vorahnung durch das Wissen aus der Kairologie erklären.

Ich hörte offenbar meine innere Stimme. Damals haben wir darüber gelacht.

Es ist ein Naturgesetz, dass unsere Wünsche uns den Weg weisen. Die heutige, fragile Welt fordert uns permanent auf, zu reagieren. Sind wir ständig auf Empfang, bleibt keine Zeit, in uns hineinzuhören, Standortbestimmung zu betreiben. Bewusstes Innehalten und Reflektieren, bewusste Auszeiten werden immer wichtiger, um in dieser unsicheren und instabilen Welt zu bestehen und sich zu finden oder neu zu erfinden.

Menschen in dieser Lebensphase wollen aktiv etwas aufbauen. Diese Phase ist geprägt von einer starken maskulinen Energie. Es geht darum, Ergebnisse und Erfolge verbuchen zu können. Und inwieweit wird meine Expertise anerkannt? Es ist eine Phase größter Willenskraft, sofern wir diese in unserem Leben entwickeln konnten. Daher fällt es schwer, sich auf andere einzustellen, sie zu unterstützen oder zu begleiten. Der Drang zu gestalten und zu erobern – das Ich – steht im Vordergrund, Beziehungen werden weniger gepflegt. Zudem sind Menschen in dieser Phase stark Burn-out-gefährdet. Viele Menschen muten sich zu viel zu, indem sie ihre inneren Antreiber befriedigen. Sie achten nicht auf die Signale des Körpers und der Seele.

Doch Achtsamkeit und ressourcenschonendes Agieren sind wichtige Fähigkeiten für willensstarke Persönlichkeiten, insbesondere in dieser aktiven Phase des Lebens. Da ich meine Grenzen gut kannte, blieb ich verschont. Doch nicht jeder Mensch entwickelt die Kraft und Fähigkeiten und den Willen, diese

Lebensphase so aktiv zu gestalten. Es ist eine Lebensaufgabe, immer wieder »Ja« zur neuen Wirklichkeit zu sagen.

Die kommende Lebensphase lässt uns wieder gefühlvoller werden. Sie lädt ein zur Synthese. Je nach Charakter, der Entwicklung von Urvertrauen, Kraft und Mut werden diese Gefühle ignoriert oder aber genutzt. Sie bereiten dadurch die nächste Lebensphase vor, wir spüren zum Ende einer jeweiligen Lebensphase schon Schwingungen der nächsten.

Nehmen Sie sich deshalb zum Ende einer jeden Lebensphase bewusst Zeit und spüren Sie in sich hinein: Passt alles noch, bin ich noch mit allem in Beziehung? Was ist jetzt für mich bedeutungsvoll? Welche inneren Antreiber bediene ich immer noch?

> »Wir bewegen uns immer auf das Ziel hin, mit dem wir uns gedanklich am meisten beschäftigen.«
> Nikolaus B. Enkelmann[4]

Lebensphase 9
Die Liebe neu entdecken

51 Jahre bis 58 Jahre – eine Weltbeziehung aufbauen
Sinnphase: Wir lernen, unser Leben tiefer zu verstehen. Wir überprüfen unsere aktuelle Lebenssituation, das Erreichte und unsere Ziele.

Thema: als Persönlichkeit ausreifen, sichern, prüfen und erneuern

Fragen: Was gilt es loszulassen und was gilt es, für die Zukunft mitzunehmen – auch in Bezug auf Freundschaften? Wo stehe ich und was habe ich erreicht? Was ist meine Rolle in der Welt?

Diese Lebensphase lädt uns ein, die Liebe neu zu entdecken. Es geht um ganzheitliche Integration.

Mittlerweile war ich 51. Und ich spürte, dass ich wieder offen war für eine private Beziehung. Ich suchte nicht, ich ließ es fließen. Wenn diese Beziehung kommen sollte, war es gut, wenn nicht, war ich auch glücklich. Ich bekam oft zu hören:

»Also Ortrud, Du bist eine der ganz wenigen Frauen, die allein leben und dabei ausgeglichen und glücklich wirken.« Stimmt, war ich auch.

Auf einer beruflichen Veranstaltung saß mein heutiger Ehemann zufällig an meinem Tisch. Wir kamen ins Gespräch über seine Wallfahrten nach Walldürn. Da ich Hape Kerkelings Buch »Ich bin dann mal weg«[21] kurz vorher gelesen hatte, stand eine Pilgerreise nach Santiago de Compostela auf meiner Wunschliste – irgendwann. Ich fragte, ob ich ihn im nächsten Jahr einmal einen Tag auf der Wallfahrt begleiten dürfe, um erste Erfahrungen zu sammeln.

2013 haben wir geheiratet, 2014 beide unsere Häuser verkauft und uns ein gemeinsames, wunderschönes Zuhause geschaffen. Wir haben uns beiden einen Neustart ermöglicht. Schmunzeln muss ich heute noch, wenn ich daran denke, wie beeindruckt er war, dass ich über einen kompletten Satz an Handwerksutensilien verfügte, angefangen von einer Bohrmaschine über diverse Schraubenschlüssel bis zu einer Ratsche und vieles mehr.

Ebenso war er beeindruckt von meinem Weber-Grill. Mein Leben mit seinen vielen Facetten und schönen Bildern faszinierte ihn.

Natürlich haben wir im Jahr 2010 einen Tag lang gepilgert. Auch im nächsten Jahr war ich zwar nicht über den Zeitraum von fünf Tagen, jedoch zwei oder drei Tage dabei.

Unser erster gemeinsamer Weg – wir pilgern nach Walldürn

Es war eine wertvolle Erfahrung zu erleben, dass es in der heutigen Zeit noch so viele Menschen gibt, die völlig selbstlos den Pilgern fantastisches Essen auftischen und sie bewirten. Für einige war es wohl ein Höhepunkt im Jahr. Dieses Bewirten der Pilger wird, so habe ich erfahren, von Generation zu Generation weitergegeben.

Bei den Pilgern und Pilgerinnen gibt es einige, die aus einem inneren Antrieb pilgern, weil sie ein tiefes Anliegen haben, über ein tiefes kindliches Gottvertrauen verfügen oder dankbar für ihr bisheriges Leben sind. Es gab auch einige, denen es offenbar vor allem darum ging, gesehen zu werden und was zu erleben.

Als ich sah, wie eine ältere Frau weinte, weil sie es dieses Mal nicht schaffen würde, auf den Knien einen steilen Kreuzweg zu erklimmen, war ich entsetzt: Ich konnte und wollte nicht glauben, dass so etwas noch heute in der katholischen Kirche gelebt und geduldet wird. Die Frau nahm diese Mühsal für ihren erwachsenen Sohn auf sich, der wohl auf die schiefe Bahn geraten war. Ich hatte bereits mit den Wertmaßstäben der katholischen Kirche gehadert. Meine Kritik betraf die gelernten, vorgelebten und abverlangten Werte, nach denen gerichtet wurde. Sie hatten mir das Leben in der Zeit meiner Trennung von meinem ersten Mann sehr schwer gemacht. Ich war entsetzt darüber, dass kein Priester oder Pilger einschreitet, wenn Menschen sich selbst solche Bußen auferlegen.

Reflexion
Bei der Beschreibung dieser Szene fallen mir sofort die Begriffe »kairologische Viren« und »kairologische Bakterien« ein: Sie bezeichnen Dinge, die uns daran hindern, selbstbestimmt zu leben oder die uns moralisch unterminieren.[1]

Zu den kairologischen Bakterien zählen z. B. Menschen oder Teile der Gesellschaft, die die gesunde Orientierung am Kairos (Bedingungen, die wir an unser Leben stellen sollten) zersetzen. Ihr Mittel ist die moralische Unterminierung. Sie selbst sehen sich als Vertreter höherer objektiver Instanzen. Folgen sind Verlust des Selbstwertgefühls, Unentschlossenheit, innere Unruhe, Selbstzweifel, unrealistische veraltete Glaubenssätze, welche ein schlechtes Gewissen verursachen. Das beeinflusst unser Fühlen, Denken und Handeln und lenkt uns fremdbestimmt.

Welche moralischen veralteten Glaubenssätze prägen Ihr Verhalten noch heute?

Zu den kairologischen Viren zählen z. B. Menschen oder Teile der Gesellschaft, die andere von ihrem Kairos wegbringen und so »umprogrammieren«, dass sie zu deren Vorteil agieren und sich gleichsam »aussaugen« lassen. Es ist eine Macht, die andere benutzt, andere zum Existieren braucht, sie aussaugt wie ein Vampir. Kairologische Viren finden wir in Partnerschaften, in Unternehmen, in der Politik, in der Gesellschaft, auf der ganzen Welt. Sie sind eher maskulin geprägt und wir erleben diesen Virus durch die Ausübung einer direkten Herrschaft, also als organisierte Macht. In einer femininen Ausprägung erleben wir diesen Virus oft indirekt, er drückt etwa durch Beziehungskontrolle und Erzeugen von Schuldgefühlen aus. Gibt es gegenwärtig kairologische Viren in Ihrem Umfeld?

Ich bin noch einmal zwei Tage lang mitgepilgert, konnte jedoch keinen positiven Bezug zu Pilgerreisen mehr aufbauen. Die anfängliche gemeinsame Auszeit zu zweit hat sich für mich nicht mehr gut angefühlt. Mit den Vertretern der Kirche auf unserer Erde sollte ich in einer späteren Lebensphase noch einmal konfrontiert werden. In Santiago de Compostela war ich bis heute noch nicht und das ist auch kein erstrebenswertes Ziel mehr für mich.

Ich entdecke tatsächlich die Liebe neu. Arabella ist 2010 nach Berlin gezogen, hat dort den Studiengang »Angewandte Medien, Studienrichtung TV-Producer/TV Journalist« aufgenommen und 2013 erfolgreich abgeschlossen. Für sie war es nicht einfach, dass es plötzlich noch eine dritte Person in unserem Domizil gab. Dennoch ist sie nicht deswegen nach Berlin gegangen.

Denn es war wohl immer ein großer Wunsch für sie gewesen, in Berlin zu studieren. Das war nicht meine erste Wahl. Doch junge Menschen zieht es in diese Stadt, und Arabella offensichtlich ganz besonders.

Berlin war mir eher suspekt. Arabella ist nach Mitte gezogen – ich war froh –, in eine Gegend, in der auch viele Familien leben, also eher eine behütete Gegend von Berlin. Sie hat dort sehr aktiv und zielorientiert begonnen, ihre Zukunft zu gestalten. Lange Zeit plagte mich ein schlechtes Gewissen. Ich glaubte, dass sie sich wegen meiner Beziehung für Berlin und damit für Distanz entschieden hatte. Und mir selbst fiel der Spagat zwischen beruflichem Engagement, meinen Rollen als Partnerin und als Mutter schwer. Allem gerecht werden – wie konnte das überhaupt funktionieren?

Meinem Mann war mein Haus zu klein und für mich stand fest, dass ich auf keinen Fall in sein Haus einziehen würde. Zum einen war es das Elternhaus seiner Kinder, zum anderen war ich bei diesen nicht gern gesehen. Eigentlich war ich zufrieden, so wie es war: Ich hatte meines, er seines.

Doch das reichte ihm nicht. Was tun? Ich überlegte lange: Nach einiger Zeit schlug ich vor, dass wir uns gemeinsam ein neues Domizil gestalten. Ich dachte eher an eine Eigentumswohnung, er allerdings an ein Haus.

Ich überlegte sehr lange, bevor ich dem Kauf eines Hauses zustimmte. Mir war zu diesem Zeitpunkt ein zufriedener Partner wichtig, denn ich wusste bereits, dass er leidenschaftlich gern handwerkte.

Nun hatten wir ein erstes gemeinsames Ziel und ich stand weiterhin im Spannungsbogen zwischen Partner-, Mutterschaft, Beruf und Ich-sein. Außerdem gab es seine Kinder, die mir gegenüber feindlich eingestellt waren.

Ich war zu diesem Zeitpunkt auf der Suche nach neuen Methoden oder Tools, zu den Themen wie Unternehmensnachfolgeregelung, Nachbesetzung von Positionen und altersgemischte Teams, mit denen ich auch meine Klienten unterstützen konnte.

Ich stieß im Internet auf: »Den günstigen Augenblick im Leben nutzen«[1]. Das zog mich magisch an und ich kam in Kontakt mit Dr. Karl Hofmann, dem Begründer der modernen Kairologie.

Genau das brauchte ich, merkte ich sehr schnell. Die Kairologie beschäftigt sich mit der Dynamik im Leben eines Menschen und den Energien in den unterschiedlichen Lebensphasen. Die Kairoswissenschaft gab mir ein anschauliches, nachvollziehbares Modell und Erklärungen für die unterschiedlichen Grundannahmen von Generationen und die daraus resultierenden Konflikte.

Je tiefer ich in das Thema einstieg, desto besser konnte ich meinen Vater verstehen und ihm sogar verzeihen, da ich begriff, dass seine Handlungsmuster auf nie reflektierten Werten und Überzeugungen basierten. Ich konnte ebenfalls die Handlungen meiner Schwester nachvollziehen. Nicht akzeptieren, jedoch verstehen. Auch meine Mutter sah ich mit anderen Augen. Und vor allem hat die Kairologie mir geholfen, meine Tochter loszulassen, ihr ein tiefes Vertrauen entgegenzubringen.

Ich glaube, ich wäre heute nicht mehr mit meinem Mann zusammen, hätte ich nicht über das Wissen von den Generationen und ihrem jeweiligen Zeitgeist verfügt und ihre Bedeutung für die prägenden Werte, die Dynamik im Leben eines Menschen, die Energien und Wahrscheinlichkeiten in den verschiedenen Lebensphasen verstanden.

Wie sich herausstellte, stammte mein Mann aus der gleichen Generation wie mein erster Ehemann. Und damit waren auch ähnliche Verhaltensmuster zu erwarten. Zum Glück war er anders sozialisiert. Dennoch gibt es zwischen uns große Unterschiede in der Weltanschauung und im Selbstverständnis. Bei einem Altersunterschied von zehn Jahren bedeutete das, dass, abhängig von unseren Lebensphasen, seine Lebensthemen immer andere sein werden als meine.

Ich meldete mich zu einer dreijährigen Weiterbildung zur Kairos-Coachin und Trainerin an, die mit einem enormen Zeitaufwand verbunden war. Mein Partner war beruflich noch aktiv und gefordert, daher konnte ich mich in meiner freien Zeit meinem Studium widmen. Es war wieder einmal die richtige Entscheidung, ungewöhnliche Wege zu gehen.

Mit dem zusätzlichen Wissen bin ich heute in der Lage, Menschen in den Bereichen Generationsvielfalt, Integration und Inklusion auf der Basis des kairologischen Lebensphasenmodells und dem Wissen über Generationen aus der Kairoswissenschaft zu sensibilisieren. Das Lebensphasenmodell führt zu einem deutlich besseren Verständnis füreinander, Aufgaben werden zum Teil anders verteilt, das Arbeitsklima wird deutlich verbessert.

Kairos – der Navigator des Lebens[1]

Kairos versus Chronos
- Chronos ist die Zeit nach Uhr und Kalender, nach der wir meist leben.
- Er versinnbildlicht den Ablauf der Zeit und auch die Lebenszeit.
- Kairos zeigt uns den Wandel der Zeit, gibt uns Hinweise auf die Beziehung, die wir zu unserer aktuellen Wirklichkeit jeweils haben.
- Bedeutungen ändern sich – nur ist das den meisten Menschen nicht bewusst.
- Sie rennen oft noch mit 50 den Zielen, Wünschen, Träumen von 20 nach und wundern sich, dass sie unzufrieden sind.
- Kairos = den günstigen Augenblick nutzen.

»Indem wir unser eigenes Licht leuchten lassen, geben wir unbewusst anderen Menschen die Erlaubnis, dasselbe zu tun!«
Marianne Williamson

Kairosmomente sind also jene Momente, in denen wir Menschen die Bedingungen erleben, die wir an unser Leben stellen sollten – beruflich und auch privat. In der Motivationslehre sprechen wir von Flowerlebnissen[23]. Diese erleben wir als ein beglückendes Gefühl eines mentalen Zustandes völliger Vertiefung (Konzentration) und restlosen Aufgehens in einer Tätigkeit, die wie von selbst vor sich geht. Wir erleben uns in einem Schaffens- bzw. Tätigkeitsrausch. Ein Flow kann bei der Steuerung eines komplexen, schnell ablaufenden Geschehens im Bereich zwischen Überforderung (Angst) und Unterforderung (Langeweile) entstehen.

Die Kairologie beschäftigt sich mit der Dynamik des Lebensweges eines Menschen, mit den Potenzialen, die ein Mensch mit ins Leben bringt, und den Energien in den jeweiligen Lebensphasen. Sie gehört in das Fachgebiet der historischen Anthropologie. Ich bin eine leidenschaftliche Vertreterin der Humanwissenschaft und sehe in der Kairologie wertvolle Ergänzungen, da sie sich mit der Dynamik des Lebensweges eines Menschen beschäftigt, mit den Potenzialen, die eine Person mit ins Leben bringt, und den Energien in den jeweiligen Lebensphasen. Die Humanwissenschaften beschäftigen sich mit den Produkten der menschlichen Zeitdynamik, nicht jedoch mit der Dynamik selbst. Die Kairologie hingegen betrachtet den Mensch in seiner Dynamik. Sie schafft Bewusstsein für die aktuelle Position, in der sich ein Mensch, ein Team, eine Organisation und eine Gesellschaft zu jedem Zeitpunkt befindet. Dabei werden historische Zusammenhänge mit einbezogen.

Die Kairologie als praktische Wissenschaft
Als solche untersucht sie die historische Vergangenheit, Gegenwart und Zukunft auf ihr mögliches Optimum hin. Sie hilft dem Menschen, seine Impulse, Entscheidungen, Ziele, Grenzen, seine Berufung und seinen Weg der Entfaltung besser zu verstehen und energiebewusster seinen Weg zu gehen. Jeder Mensch, genauso wie der Zeitgeist, hat sein Kairos-Navi. Damit können wir um eine Dynamik wissen, die sich bisher nur intuitiv erfühlen ließ oder sich nur in der Form einer »Objektivität« zeigte.

Die Kairologie ist die erste Wissenschaft, die sich ausschließlich mit der Dynamik des Menschen befasst. Alle anderen Humanwissenschaften befassen sich damit nur, sofern sich die Veränderungen des In-Beziehung-Seins direkt in irgendwelchen Prozessen und Ergebnissen zeigen, welche der Vorstellungskraft Stoff geben, z. B. Träume, Dinge, Gedanken, Gegenstände, Gewinne oder Verluste.

Für die Kairologie ist all das nur von Interesse, sofern es einen Kairos ausdrückt. Dieser steht nicht einfach für eine günstige Gelegenheit, sondern stellt eine bestimmte Konstellation von sogenannten »Kreativfeldern« dar, die für den Menschen das maximale Entfaltungspotenzial begründen. Sie unterscheidet sich in ihrer Arbeit von den anderen Humanwissenschaften wie ein modernes Speichermedium, z. B. Festplatte oder eine Cloud, von einer Bibliothek. Beide speichern Informationen. Die Räume einer Bibliothek sind jedoch wesentlich anders geordnet und gestaltet. Bücher haben ihren Platz, ohne in Beziehung miteinander zu sein. Auf einer Festplatte dagegen ist alles mit allem a priori in Verbindung. Inhalte können über verschiedene Sektoren verteilt sein.

Die traditionelle Humanwissenschaft beschränkt sich notwendigerweise auf ein Fachgebiet. Nur dort funktionieren die jeweiligen Werkzeuge. Wie ein Historiker ein Dokument prüft, ist für das Vorgehen von Psychologen oder Soziologen unerheblich.

Sie kennen gewiss ein Kaleidoskop: Es ermöglicht uns, einen Gegenstand aus unterschiedlichen Perspektiven wahrzunehmen. Das Lebensphasenmodell der Kairoswissenschaft[1] betrachtet den Verlauf des Lebens in verschiedenen Phasen, die durch unterschiedliche Herausforderungen, Chancen und Entwicklungsmöglichkeiten geprägt sind. Ob Sie sich in der Phase der Selbstfindung, Karriereentwicklung, Familiengründung oder im Ruhestand befinden – wir verstehen, dass jede Phase einzigartig ist und individuelle Energien bereithält, die es zu nutzen gilt.

Meine Klienten erleben dieses Wissen als praxisnah und nachvollziehbar, umsetzbar im eigenen Leben und als ebenso erhellend wie wertvoll für die weitere Lebensgestaltung.

Stufen der menschlichen Entfaltung

	GEIST Geistige Einheit	ICH-WIR Emotionale Einheit	ORDNUNG Formale Einheit	HANDELN Einheit im Handeln
Werden	**L1 0–5J 9 M** Wie konnte ich die Welt erkunden? Wie wurde ich angenommen? **Ur-Vertrauen**	**L2 5.9–12.4** Welche Normen und Regeln habe ich erfahren? Wie habe ich Autorität(en) erlebt? **Ur-Wissen**	**L3 12.4–18.11** Ringen um die eigene Identität und den eigenen Platz – Wie gehe ich mit Konflikten um? **Ur-Beziehung**	**L4 18.11–25.5** Glaube ich an mich selbst? Wie erfolgt meine Berufswahl? Welchen Beruf erlerne ich? **Ich-Vertrauen**
Gestalten	**L5 25.5–32.0** Was ist meine Vision – beruflich und privat? Wo will ich hin? Wie groß denke ich? **Grundsatzentscheidungen**	**L6 32.0–38.6** Was baue ich mir auf? Beruflich und privat. Kann ich weiter wachsen? **Karriere & Familie**	**L7 38.6–45.1** Passt die äußere Form zu meinen Überzeugungen und Vorstellungen? Welche Initiativen ergreife ich? **Rationale Ordnung**	**L8 45.1–51.7** Welche Ergebnisse und Erfolge kann ich für mich verbuchen? Wird meine Expertise anerkannt? **Maximales Gestalten**
Wahren	**L9 51.7–58.2** Wo stehe ich und was habe ich erreicht? Was passt noch, was nicht mehr? Was ist meine Rolle in der Welt? **Ganzheitliche Integration**	**L10 58.2–64.9** Wie kann ich frei werden? Welche neuen Welten tun sich auf? **Übergabe**	**L11 64.9–71.3** Wie kann ich mein Lebenswerk stabilisieren und fortführen und zum Allgemeinwohl beitragen? Wie kann ich meinen Status quo bewahren? **Stabilisierung**	**L12 71.3–77.10** Wie fällt die Bilanz über mein Lebenswerk aus? Erfahre ich Anerkennung? Gelingt es mir, loszulassen? **Gelassenheit/Loslassen**

In einer neuen Kairologie sprechen wir von Kairos-Lebensphasen. Denn in ihnen ist jeder Moment in einem gewissen Sinne ein bedeutungsvoller Zeitpunkt. So herrscht zum Beispiel in der Kairos-Lebensphase 5 (ca. 26–32 Jahre) eine wachsende Wahrscheinlichkeit und damit zumeist auch die immer deutlichere Bereitschaft, Grundentscheidungen für die Lebensgestaltung (etwa Eheschließung, berufliche Bindung, Unternehmensgründung) zu fällen.

Das Modell der Kairos-Lebensphasen ermöglicht ein Verständnis der menschlichen Dynamik, das für die eigene Selbstführungskompetenz in der Wirtschaft und im Management vielfältig und effizient anwendbar ist. Mit diesem Modell gewinnt jeder Mensch neue Erkenntnisse sowohl über sich, z. B. über seine Potenziale und Entfaltungsmöglichkeiten, als auch über Menschen und deren Bedürfnisse in deren aktuellen Lebensphasen.

Der kairologische Blick auf Generationen
Es ist en vogue, unsere Gesellschaft in Generationen einzuteilen, z. B. in Babyboomer, in X-, Y- und Z-Generationen. Was mir dabei an der Kairologie gefällt, ist ihre systematische Grundlage. Ausgangspunkt der neuen Kairologie war eine wissenschaftliche Arbeit, die erstmals belegen konnte, wie eine Gemeinschaft gemeinsam und bewusst im »Rhythmus der Zeit« agierte.[24]

Die Kairologie erklärt, wie die Dynamik der Kairos-Lebensphasen, die jeder von uns auf einmalige Weise lebt, genau zusammenpasst mit der großen Dynamik der Kairos-Generationen.

Ein Generationsfeld ist ein faszinierendes Phänomen. Es ist eine Art menschliches Gravitationsfeld, das für die Art und Größenordnung unseres Sinnhorizontes Bedeutung hat. Was sich wandelt, ist das In-Beziehung-Sein zum Ganzen des Systems.

Am Anfang (wir sprechen hier von Schichtung 1) steht immer eine universale Suche nach dem größten gemeinsamen geistigen Nenner. Thomas Mann, Heisenberg, Jobs, Merkel oder Macron sind in sehr unterschiedlicher Weise Repräsentanten dieses Anfangs.

Am Ende einer Generation (Schichtung 4) steht ein gemeinsamer Horizont, den die Summe konkreter Personen, Regionen und Gegenstände bestimmt.

Zu einer Schichtung 4 gehören Persönlichkeiten wie Gutenberg, der Erfinder des Buchdrucks, Künstler wie Michelangelo und Rembrandt, Philosophen wie Schopenhauer, Techniker wie Siemens und Benz oder Politiker wie Bismarck und Schmidt.

In der Kairologie sprechen wir von a-, b- und c-Generationen:
Eine a-Generation eröffnet immer ein neues Feld des Geistes und steht für einen Aufbruch. Sie vertraut auf die schöpferischen Kräfte der Menschen und ist grundsätzlich optimistisch, ihr Agieren wird als Jugendlichkeit wahr-

genommen. Diese Beweglichkeit und Offenheit wird zum bleibenden Grundmuster ihres Lebens und hat ein Leben lang Vorrang vor den äußeren Formen. Sie strahlt etwas Mitreißendes aus.

Eine b-Generation hat einen »männlichen« Kern. Ihre Stärke ist der Glaube. Sie verfolgt das Anliegen, den gemeinsamen Geist in eine Ordnung, in objektive Muster, Werte und Güter zu verwandeln. Sie glaubt an die Beständigkeit von Werten und versteht sich selbst als realistisch.

Für die b-Generation ist die Frage nach dem Sinn wichtig, die Frage nach Werten und Tugenden. Aus dieser Generation gehen viele Unternehmer hervor, die als »Patriarchen« empfunden werden.

Eine c-Generation glaubt, dass die Kraft von Werten erst dann wirksam ist, wenn Menschen bewusst Verantwortung für sie übernehmen. Sie verfolgt als höchstes Ziel, ein Bewusstsein, eine vernünftige Beziehung zwischen den Werten und den menschlichen Kräften zu schaffen.

Jede Kairos-Generation verwirklicht das ihr mögliche Muster auf vier Transformationsstufen, welche jeweils vier Schichtungen durchlaufen. Jede Schichtung hat ein bestimmtes geistiges Optimum. Alle zusammen haben das (meist unbewusste) Ziel, eine neue Ganzheit zu schaffen. Die Grundlage aller Berechnungen ist der synodische Mondmonat von 29,53 Tagen. Neun mal neun Mondmonate ergeben eine Lebensphase von sechs Jahren und etwa fünf Monaten.

Eine Schichtung stellt ein Viertel einer Generation dar.
- Schichtung 1   Einheit des Geistes
- Schichtung 2   Eine Polarität menschlicher Prozesse (Resonanz)
- Schichtung 3   Eine rationale Struktur
- Schichtung 4   Unmittelbares Handeln

Daraus folgt eine energetische Hierarchie innerhalb eines Generationsfeldes.

Jede Generation entwickelt ihre eigenen Werte, Überzeugungen und Formen des Miteinanders. Dieses Wissen ist für jeden einzelnen Menschen und auch für Unternehmen heute von wesentlicher Bedeutung, wenn es um passgenaue Stellen, Besetzungen, Motivation, zielgerichtete Förderung oder Ziele in der Unternehmensausrichtung geht. Im Coaching ist dieses Wissen ein wertvoller zusätzlicher Blickwinkel, um Berufungen und Potenziale zu erkennen, zu fördern und auszubauen. Für die Selbstführung ist es eine der wichtigsten Kompetenzen zur aktiven Lebensgestaltung sowie der persönlichen Entwicklung und Ausschöpfung vorhandener Potenziale.

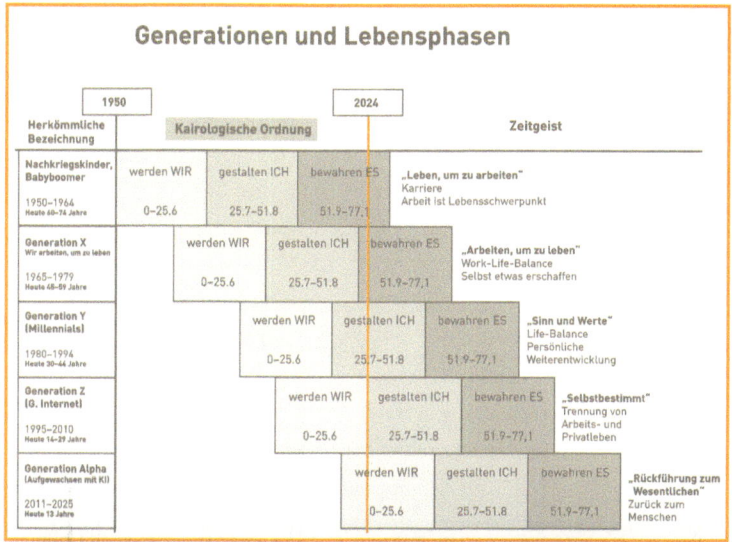

Quelle: »Generationen und Lebensphasen« Dr. Karl Hofmann und Manfred Sieg – Buch: Mensch 5.0. Diese Abbildung ist eine Zusammenschau der herkömmlichen und der kairologischen Ordnung der Generationen.[22] Die 1950 geborenen und die 1965 geborenen Menschen sind im Bewahren angekommen. Die Generation Y befindet sich kairologisch voll im Gestalten und wird nach und nach die Babyboomer ablösen. Die Generation Z befindet sich noch in der Entwicklung und wird bald aktiv mitgestalten

Der Schwerpunkt in der Lebensphase bis zu 25/26 Jahren liegt in unserer ureigenen Menschwerdung. In den folgenden Lebensphasen bis 51/52 ist die Gestaltungs- und Durchsetzungskraft der eigenen Vorstellung am größten. Danach geht es um das Bewahren des Gestalteten.

So wie wir an der Ausprägung der Jahresringe eines Baumstammes auf Klimaveränderungen und Wachstumsstörungen schließen können, können wir aufgrund von einschneidenden Ereignissen und Brüchen sowie dem Bezug zur jeweiligen Lebensphase den heutigen Standort im Leben eines Menschen nicht nur erklären, sondern auch wichtige Aspekte für die nähere Zukunft begründen.

Unternehmens- und Führungsverantwortliche sind heute gefordert, den Zeitgeist und die Bedürfnisse der Generationen in ihrer Personalarbeit zu berücksichtigen.

Ein Hobby, das ich schon immer gern erlernen wollte, ist Malen. Fasziniert war ich immer schon, wenn ich meine Grundschullehrerin zu ihren Ausstellungen begleiten durfte. An eine Ausstellung erinnere ich mich besonders gern: »Kunst im Knast«. Unterschiedliche Menschen mit unterschiedlichen Vergangenheiten kamen zu ihren Malstunden, die sie regelmäßig im Gefängnis durchführte.

Die Ergebnisse waren erstaunlich. Ich höre sie noch sagen: »Das Malen bietet Menschen die Möglichkeit, sich mit sich selbst auseinanderzusetzen und die innere Welt zu erforschen. Beim Gestalten eines Bildes reflektieren Menschen über ihre eigenen Erfahrungen, Werte und Träume. Sie setzen sich mit ihren Emotionen auseinander und lernen, durch die Wahl von Farben, Formen, Motiven sich auf eine tiefgründige Weise auszudrücken. Die Wahl von Farben, Formen und Kompositionen zeigt verschiedene Facetten von Gefühlen.«

Das faszinierte mich und ich nahm auch Kontakt mit Künstlern der Region auf, um in meine Veranstaltungen Mal-Events zu integrieren. Gern erinnere ich mich an ein Gemälde, das zusammen mit Geschäftsführern, Abteilungsleitern und Mitarbeitern eines Unternehmens gestaltet wurde und heute in den Geschäftsräumen dieses weltweit agierenden Unternehmens hängt. Zusammengearbeitet habe ich dabei mit einer Künstlerin aus unserer Region. Mit dem Künstler Bernd Baldus habe ich ebenfalls erfolgreich Projekte durchgeführt.[25]

Malen, das habe ich feststellen können, fördert emotionale Intelligenz. Beim Malen setzen sich Menschen bewusst mit den eigenen Emotionen auseinander und lernen, auch die emotionalen Botschaften anderer Kunstergebnisse zu verstehen. Gleichzeitig stärken die Fortschritte, die beim Malen erlebt werden, das Selbstvertrauen und fördern das Gefühl von Selbstwirksamkeit.

Ich selbst male mittlerweile und ich stelle fest, dass die Malerei mich ständig ermutigt, offen für neue Ideen, Techniken und Experimente zu sein. Außerdem erfordert Malerei unsere volle Aufmerksamkeit und hilft uns dabei, im gegenwärtigen Moment präsent zu sein – für mich immer wieder ein wunderbares Erlebnis.

Daher kam mir die Idee, zu einem außergewöhnlichen Kompetenztag einzuladen. Gleich zu Beginn des Jahres 2012 fand der Kompetenztag im Studio der Firma meines Mannes statt. Thema: »Werden Sie Drehbuchautor:in und kreative Gestalter:in – Geben Sie Ihrem Jahr 2012 Farbe und Inhalt«. Die Herausforderung für alle Teilnehmenden bestand darin, sich auf die eigene

Kreativität zu verlassen. Eine Künstlerin aus der Region begleitete die kreativen Köpfe bei ihrem »Schöpfungsakt«.

Ausgestattet mit Leinwänden, Pinsel und Farbe wählte jeder eine Grundfarbe für das Jahr 2012 aus. Sich auf eine Grundfarbe festzulegen war heikel, erst recht, wenn es um persönliche Parameter ging. Alle Entscheidungen, die die Teilnehmenden hier trafen, würden Auswirkungen auf das Endergebnis haben.

Die größte Herausforderung bestand darin, Wünsche und Ziele für das neue Jahr zu definieren. Einige waren mit Partner bzw. Partnerin gekommen, was die Entscheidungsfindung nicht immer einfacher machte. Mit Hingabe, Liebe zum Detail und mit Begeisterung malten alle ihr Bild für das Jahr 2012.

Kompetenztag 2012: Starten wir mutig und kreativ in das Jahr 2012 – Welche Farben und Symbole sollen dominieren?

...Du musst schon da sein, bevor Du ankommst......

Mit 53 wollte ich in dieser Beziehung alles nachholen, was ich in meinem Leben noch nicht erlebt hatte; ich wollte mich z. B. verloben. Das haben wir 2012 getan. Natürlich durfte die Stadt der Liebe dieses Mal nicht fehlen; ich wollte sie gern noch vor der Hochzeit in der Zeit des »Verliebtseins« mit meinem Partner erkunden und genießen. Ich hatte mir diesen Traum aufgespart. Obwohl ich in meinem bisherigen Leben bereits oft dazu eingeladen worden war, hatte ich immer abgelehnt, denn es hatte sich bisher nie so wirklich gut angefühlt. Wir fuhren knapp zwei Wochen vor unserer Hochzeit dorthin.

Beinahe wäre aus der Hochzeit nichts geworden: Als Mitinhaber eines Unternehmens beschäftigte mein Mann auch Berater. Einer dieser Berater hatte einen Ehevertrag ausgearbeitet. Als ich den Vertrag sah, sagte ich: »Ich glaube, wir lassen die Hochzeit und leben weiter zusammen wie bisher.« Der Berater war offenbar überzeugt davon, dass Frauen vor allem versorgt sein wollten, und sah mich als Feindin an. Und daher musste er alles unternehmen, um das Vermögen des Unternehmers zu schützen.

Ich wollte nicht versorgt werden. Ich hatte Besitz, ein Haus, ein gut gehendes Unternehmen. Ich war offen für eine Partnerschaft, sogar bereit für eine Ehe, jedoch nur auf Augenhöhe. Mir war mein eigenes Haus mindestens so viel wert wie der Besitz und die Firmen meines Partners, sagte ich ihm, stand auf und verließ den Raum.

Ich fühlte mich von dem Berater auf die Stufe einer Bittstellerin gestellt. Der Berater, der mindestens zehn Jahre älter war als mein Mann, hatte wohl noch das Frauenbild seiner Zeit im Kopf. Ich wollte meine bisherige Lebensleistung akzeptiert sehen. Daher war es mir wichtig, mitreden und mich auf Augenhöhe fühlen zu können. Mein Mann konnte meine Gedanken und Empfindungen nachvollziehen. Wir fanden eine Lösung auf Augenhöhe.

Am 27. Juli 2013 war unser großer Tag. Gern erinnern wir uns an unsere standesamtliche Trauung, die meine Freundin und Tenniskollegin als Standesbeamtin im Rokokosaal des Palais Altenstein feierlich gestaltete. In ihrer Rede sprach sie von meiner Vorhersage aus dem Jahr 2009.

Wir wollten ursprünglich unser Versprechen im kleinen Kreis nur mit unseren Kindern ablegen. Im Vorgespräch hatte uns die Standesbeamtin, die mich sehr gut kannte, darauf hingewiesen, dass wir doch auch Freunde und langjährige Wegbegleiter einladen könnten. Wir haben das gern umgesetzt und sind auf ca. 100 Personen gekommen. Nach der standesamtlichen Trauung hatten wir anschließend alle Hochzeitsgäste zu einem Empfang im Schlossgarten eingeladen. Den Tag ließen wir anschließend in kleinem Kreis in einem schönen Restaurant ausklingen. Am nächsten Tag brachen wir in unseren Urlaub nach Mallorca auf. Zwei Wochen nach unserer Rückkehr wurde Richtfest gefeiert.

Doch meine Eheschließung hatte offensichtlich meinem beruflichen Image geschadet und erwies sich als Erfolgsverhinderer in unserer Region. »Die Tornow ist nun gut versorgt, die muss man nicht mehr unterstützen«; von diesem Argument einiger Vorgesetzter, die mich und meine Arbeit nicht mehr buchen wollten, berichteten Personalverantwortliche.

Ich war entsetzt. Nie hätte ich damit gerechnet, damit konfrontiert zu werden. Ich glaubte an gleichberechtigte Partner in der Arbeitswelt, wo einzig Qualität, aktuelles Know-how und Umsetzungskompetenz zählen. Wir leben schließlich im 21. Jahrhundert. Gut, dass ich bundesweit aktiv war.

2014 verkauften wir unsere beiden Häuser und zogen in unser neues gemeinsames Domizil ein. 16 Jahre lang war mein eigenes Haus Heimat für Arabella und mich gewesen, umgeben von wertvollen, uns wohlwollenden Menschen in der Nachbarschaft. Hier hatten wir uns geborgen und willkommen gefühlt, mitten in der Stadt, mit kurzen Wegen überallhin. Nicht nur mir fiel es schwer, dieses Haus aufzugeben. Arabella ging es genauso, obwohl sie in Berlin lebte und nur hin und wieder nach Fulda kam.

Ich war immer stolz darauf gewesen, meiner Tochter ein solches Heim bieten zu können. Dieses Haus bedeutete für mich Eigenständigkeit, Unabhängigkeit und Sicherheit. Arabella genoss die zentrale Lage und es war schön, ein offenes Haus für unsere Freunde und Bekannte zu haben. Arabella lebte zwar seit 2010 in Berlin, kam jedoch nach Hause, sobald es ihr möglich war. Die Abstände wurden zwar immer länger, dennoch hing sie an unserem Haus. Und es schmerzte sie, nun kein Zuhause mehr zu haben. Ich versicherte ihr, dass auch in unserem neuen Haus für sie die Tür immer geöffnet sein und sie dort ihren ganz persönlichen Rückzugsort haben würde. Es ist sogar eine eigene kleine Wohnung geworden. Ich nutze den Bereich mittlerweile als Homeoffice.

2014 schloss Arabella erfolgreich ihr Studium ab und konnte ihr Wissen im Anschluss daran sofort in der Praxis umsetzen.

Im neuen Haus konnte ich nun nicht mehr allein schalten und walten, wie ich mochte. Was würde wohl hier auf mich warten? Insbesondere im Kontakt mit seinen Kindern. Ob ich hier ebenso glücklich werden konnte? Ich hatte große Bedenken und gleichzeitig so viel Liebe für diesen Mann. Es fiel mir sehr schwer, mein Haus aufzugeben – ein Jahr lang mied ich meine alte Heimat.

Das Haus hat eine wunderbare Aussicht in die Rhön. Der wunderbare Ausblick war für meinen Mann ein entscheidender Faktor bei der Wahl des Standortes. Der Ort selbst jedoch ist ohne jegliche Infrastruktur, es gibt keinerlei Einkaufsmöglichkeiten, keinen Arzt, keine Apotheke. Es sind gefühlte 15 Kilometer bis in die Stadt. Dennoch entschied ich mich meinem Mann zuliebe für diesen Standort. Wir hatten es liebevoll mit Begeisterung geplant und unserem Architekten einen konkreten Plan samt Gartenanlage auf Papier vorgelegt. Ideen und Inspiration hatten wir in unseren gemeinsamen Urlauben gesammelt und 2014 bezogen wir unser neues, wunderschönes und gemütliches Haus mit Weitblick.

In dieser Lebensphase, einer Phase der Synthese, passte ich mich an, nahm Rücksicht, nahm mich zurück und ich machte es gern. Ich genoss diese neue Zweisamkeit und entdeckte Liebe wieder neu.

Einmal, als wir zu dritt gefrühstückt hatten, sagte Arabella später zu mir: »Du springst, wenn er was will. ‚Oh, das Salz‹ – wupps, stehst du auf und holst es. Mama, das gefällt mir gar nicht.« Ihr Feedback stimmte mich nachdenklich. Danach ignorierte ich hin und wieder die verstecken Bitten mit einem innerlichen Schmunzeln. Unbewusst folgte ich auch mit 52 Jahren meinem inneren Kairos.

Reflexion

Die Lebensphase 9 ist wieder eine Phase mit femininen Schwingungen. Wir sind wieder gern für andere da, kümmern uns, verbinden, bringen etwas zusammen. Die Dinge, denen wir in unserem Leben Bedeutungen zumessen, verändern sich. Die private Beziehung wird wichtig. Es fällt leicht nachzugeben, sich auf den anderen einzustellen.

Diese Lebensphase bietet Menschen die Möglichkeit, in ihrer Persönlichkeit auszureifen und diese abzurunden. Zum einen auf dem Gebiet unserer Selbstentfaltung: Inwieweit gelingt es mir, meine Persönlichkeit im Hinblick auf Selbstakzeptanz, emotionale Stabilität und Verantwortungsbewusstsein abzurunden? Auf dem Gebiet der Resonanzentfaltung: Welche Beziehungen passen noch, inwieweit erfahre ich geistige Übereinstimmung und gemeinsames Erleben in meinen Beziehungen? Ein weiterer Entfaltungsbereich ist die Lebensentfaltung: Wie gelingt es mir, mich für meine Belange einzusetzen? Welche Zukunftsszenarien entwickele ich? Welche Tätigkeit erscheint mir jetzt sinnvoll? Es ist die Lebensphase des Bewahrens: Was aus meinem bisherigen Leben ist es wert, mit in die Zukunft genommen zu werden, und was möchte ich loslassen? In welcher Form soll das von mir Gestaltete bewahrt werden?

Die Kairologie beschreibt diese Lebensphase als eine entscheidende Phase, in der wir die Basis für den Verlauf weiterer Lebensphasen legen können. Ich räumte in dieser Phase deutlich auf: Welche meiner privaten Kontakte waren stabile, tragbare Beziehungen, die ich gern mit in meine Zukunft nehmen wollte? Welche meiner Kunden mochte ich gern weiter begleiten? Welche neuen Kunden waren für mich interessant und wertvoll? Für welche Themen brannte ich zu diesem Zeitpunkt?

»Persönlich ausreifen« bedeutet, persönliches Wachstum noch einmal aktiv und bewusst zu forcieren. Es bedeutet zum einen, die eigene Logik durch geistige Weiterbildung weiterzuentwickeln und für neue Sichtweisen offen zu sein. Dazu gehört auch zu erkennen, dass es außer unserem Blickwinkel noch weitere Blickwinkel gibt. Daher sollte jeder Mensch wenigstens ein Persönlichkeitsmodell kennen, wie z. B. das SIZE Success-Persönlichkeits- und Kommunikationsmodell[16] oder die Transaktionsanalyse[17].

Zum anderen gilt es, die Beziehung zu sich und anderen Menschen spätestens jetzt nochmals bewusst zu überprüfen und gegebenenfalls zu entwickeln, die Fähigkeit zu erwerben, in Resonanz zu gehen, sich auf den anderen einzustellen oder sich selbst endlich wahrzunehmen und eine liebevolle Beziehung zu sich selbst aufzubauen. Empathie ist eine Fähigkeit, die nicht jedem in die Wiege gelegt wird und abhängig davon ist, in welchem Umfeld und mit welchen Werten wir groß geworden sind.

Durchsetzungsvermögen und Konfliktkompetenz sind wichtige Fähigkeiten und unterstützen uns in der Lebensentfaltung. Fragen Sie sich: Was sollte sich für mich in Zukunft ändern? Wie stelle ich mir meine nächsten Lebensphasen vor und wie möchte ich dann leben? Inwieweit habe ich die Fähigkeit entwickelt, für mich zu sorgen, mich durchzusetzen und mich abzugrenzen, um mein Leben auch tatsächlich zu leben? Inwieweit ist es mir gelungen, meine Persönlichkeit zu entfalten? Inwieweit habe ich bisher meine Vernunft weiterentwickelt, andere Denkmodelle entdeckt und zugelassen?

Wenn Sie bisher versäumt haben, über sich und das Leben nachzudenken, sich selbst und Ihre Verhaltensweisen kritisch zu betrachten, dann aber jetzt. Wie Sie mittlerweile wissen, kann die nächste Lebensphase nur auf dem aufbauen, was vorhanden ist.

Da ich mich selbst in der Lebensphase 9, also zwischen 52 und 59 Jahren, befand, war gerade das Wissen um diese Energien besonders interessant für mich. Ich analysierte alles und jeden.

Mit den großen Herausforderungen unserer Patchwork-Familie hatte ich nicht gerechnet. Die Kinder meines Mannes waren gegen diese Beziehung.

Seine Familie prägten andere Werte als Arabella und mich. Vielleicht musste ich diese ablehnende Haltung gar nicht persönlich nehmen, wahrscheinlich wären die Kinder gegen jegliche Beziehung gewesen. Die Spannungen belasteten unser Glück und dies nahm uns die Leichtigkeit, die wir beide so schätzten und liebten. Es wurden harte Zeiten, harte Auseinandersetzungen mit klaren Worten. Harte Zeiten, die der Abgrenzung dienten, die notwendig waren, um eine Linie zu ziehen, nach dem Motto: »So weit könnt ihr gehen, danach fängt unser gemeinsames Privatleben an.« Es wurden Grenzen abgesteckt und das hat ohne Frage emotionale Verwundungen mit sich gebracht, aber das unterschwellige Taktieren und Agieren hätte uns als Ehepaar sonst womöglich auseinandergebracht. Mein Mann war vor unserer Heirat ein umschwärmter Mann und Witwer. Das zog sich auch in die Anfangszeit unserer Beziehung hinein. Er bemerkte jedoch sehr schnell, dass er Prioritäten setzen musste, da es mich sonst in seinem Leben nicht mehr gegeben hätte. Schnell hat er sich von so manchem »Rotkäppchen« für immer verabschiedet.

Wir haben viele Gemeinsamkeiten: Jeder von uns beiden liebt seinen Beruf und ist Vollblutunternehmer. In der Freizeit sind wir gern in der Natur, wir fahren Rad. Als Genussmenschen kochen wir – eigentlich mehr ich – gern und gehen auch gern essen. Wir reisen viel, liegen auch mal bequem am Strand, machen Sport. Ich liebe Kultur- und Städtereisen und das Meer mehr als er. Freie Zeit verbringen wir auch in unserem Garten. Er handwerkt und sorgt für einen grünen Rasen, ich kümmere mich um den Lavendel, die Rosen und um das Hochbeet. Wir lieben es beide, uns mit netten Menschen zu umgeben und haben gern ein offenes Haus für Freunde. Langeweile kennen wir nicht. Hin und wieder entspannen wir bei Gesellschaftsspielen, z. B. Dame, Rommé Cup und auch Mensch ärgere Dich nicht. Wir sind dankbar, dass wir uns gefunden haben und dazu noch gesund und fit sind.

Wandern am Wilden Kaiser, über den Klettersteig Klamml, ein sportlicher Klettersteig auf der Südseite des Wilden Kaisers. Klamml klang so sanft, wurde aber sehr abenteuerlich.

In dieser Phase meines neuen Lebens spürte ich auch den Wunsch zur beruflichen Veränderung. Nachdem ich mich 2009 der dta international angeschlossen hatte, konnte ich mir durchaus vorstellen, Tornow business personality zu schließen und unter dem Dach der dta international weiter zu agieren. Als weiteres Aktionsfeld und als neue Zielgruppe erkannte ich die Filmbranche. Dort wollte ich mein bisheriges Wissen hin und wieder einbringen. Mein Ehemann ist in dieser Branche beruflich zu Hause. Ich erkannte, dass sie noch effektiver und wirtschaftlicher agieren könnte. Allein bei Drehtagen könnten Kompetenzen aus dem Bereich Teamentwicklung und Projektmanagement für Schnittstellen-Personen ein wesentlicher Vorteil im Hinblick auf Effektivität und Effizienz sein. Ich habe Konzepte erarbeitet und diese an diverse Filmproduktionsfirmen weitergeleitet. Zeitgleich habe ich diese auch an eine sich neu etablierende Filmakademie eingereicht. Doch die Zeit war in dieser kreativen Welt offensichtlich noch nicht reif für diese Themen.

Zudem war ich der Agentin meines Mannes ein großer Dorn im Auge. Sie verhinderte jeglichen Kontakt zu diesem Berufszweig und gab mir den guten Ratschlag: »In dieser Branche sind Begels (Begleitungen) nicht erwünscht.« Hatte sie selbst ein Auge auf ihn geworfen und zahlte es mir durch diese Abschirmung ihrer Berufskollegen heim?

Heute bin ich froh, denn die Filmindustrie gibt zwar viel Geld für die Entwicklung von Drehbüchern aus, jedoch nicht für businessrelevante weitsichtige unternehmerische Themen, um wirtschaftlich professioneller zu agieren, ob nun als Projektleiter oder Regisseur. Sieben Jahre später ist auch dieser Sektor auf der Suche nach neuen Visionen und Ansätzen, um alle Generationen zu erreichen. Mittlerweile habe ich auch hier mit meinem Thema Generationenvielfalt punkten können.

Damals konzentrierte ich mich zunächst wieder auf meine Firma und war auf der Suche nach Antworten: Was brauchen Unternehmen und Menschen in unserer jetzigen Zeit?

Zum Glück nahm ich immer wieder meine innere Stimme wahr und folgte meinem inneren Navi. Was ist für mich gegenwärtig bedeutungsvoll, kraftvoll? Mit wem und wozu trete ich gern und leicht in Beziehung? Nach wie vor lade ich Klienten zu Kompetenztagen ein, mit dem Ziel, aktuelles interessantes Wissen aus dem Bereich Development, Unternehmens- und Mitarbeiterentwicklung weiterzugeben, gemeinsam auszuprobieren, sich auszutauschen und gegenseitig zu inspirieren.

2015, nach erfolgreichem Abschluss meines Studiums, drängte es mich, dieses Wissen der Welt mitzuteilen. Im Rahmen meines Kompetenztages lud ich zu einer Veranstaltung in ein Kunsthaus ein. Unser Thema: Was haben Kairologie, Kunst und Antiquitäten gemeinsam?

In der Kunstgeschichte spricht man, wie in der Kairologie auch, von Zeiteinheiten, von Epochen. In einer Epoche spiegeln sich immer Gemeinsamkeiten aus allen Bereichen des menschlichen Lebens wider. Jede Epoche, jede Phase, jede Generation und unsere Lebensphasen haben ihre ureigene Dynamik. Im Kunsthaus fanden wir die Bestätigung dafür, wie wunderbare Objekte, die qualitativ hochwertig hergestellt sind und überdauert haben, noch heute den Zeitgeist der verschiedenen Epochen widerspiegeln.

Die historische Kairologie blickt auf Analogien und Bezugspunkte in der Geschichte zurück und leitet Hinweise auf zukünftige Wahrscheinlichkeiten ab. Sie erforscht die geschichtliche Dynamik des Kairos im Leben der Menschen. Das Wissen aus der Vergangenheit kann helfen und motivieren, das Jetzt bewusster und aktiver zu gestalten. Denn das Leben, das wir aktuell führen, ist immer das Ergebnis unseres bisherigen Handelns und der Entscheidungen, die wir und/oder andere getroffen haben. Insbesondere in der Kunst, in Gebäuden, in Möbeln lässt sich die Eigenart/Mentalität einer bestimmten Epoche

– der jeweilige Zeitgeist – in den unterschiedlichen Entwicklungsstufen (Transformationsstufen) sehr deutlich wiedererkennen.

In der Renaissance z. B. rückte der Mensch wieder ins Zentrum. Baukunst und Architektur erlebten technische Innovationen, die räumliche Perspektive revolutionierte die Malerei. Neu konzipiert wurde auch der Humanismus. Der Humanismus war eine philosophische Denkweise bzw. eine intellektuelle Bewegung des 13. Jahrhunderts. Der Mensch stand im Mittelpunkt des Humanismus – dies war die damalige Philosophie. Man glaubte, dass jeder Mensch eine gewisse kreative Kraft besitzt. Die katholische Kirche sah das ganz anders. Sie war der Machtträger der damaligen Zeit und bestimmte über die Stellung der Menschen im Universum.[26]

In diesem Buch beschränke ich mich auf die Lebensphasen.

Kompetenztag im Kunsthaus Nüdling in Fulda: Was haben Kunst, Training und Beratung, Antiquitäten und Kairoswissenschaft gemeinsam?

Dr. Karl Hofmann, der Begründer der modernen Kairologie, nahm die Gäste mit auf seine historische Reise: Was haben Kairologie, Kunst und Antiquitäten gemeinsam?

Ich glaube, diese Gemeinsamkeiten erschlossen sich damals vielen auch nach dem wissenschaftlich wertvollen Vortrag von Dr. Karl Hofmann noch nicht so richtig. Mittlerweile sind jedoch die Themen Lebensphasen und Generationsvielfalt fester Bestandteil meiner Veranstaltungen und führen zu mehr Verständnis für sich und für den Umgang mit anderen.

Bildung, gesellschaftliche Bildung, war mir immer eine Herzensangelegenheit. Das Jahr 2015 forderte uns als Gesellschaft auf eine uns bis dahin noch nicht bekannte Weise heraus. Nur drei Worte: »Wir schaffen das.« Bis heute suchen wir nach nachhaltigen Lösungen. Mit meinem Wissen fühlte ich mich berufen, unsere Gesellschaft bei dieser Jahrhundertaufgabe zu unterstützen.

2016 griff ich, basierend auf meinen langjährigen Erfahrungen im Bereich Diversity Management, Teamentwicklung und Persönlichkeitsentwicklung und mit dem Wissen der Kairoswissenschaft, die Themen der anstehenden Herausforderungen auf: nachhaltige Integration von Migranten, sie mit unseren demokratischen Grundwerten vertraut machen, frühzeitiges Entgegenwirken gegen drohende Ausländerfeindlichkeit, Vorbereitung und Eingliederung der Migranten in unsere Arbeitswelt. Im Gesundheitsbereich z. B. war das Konfliktpotenzial schon immer sehr hoch, wenn unterschiedliche Kulturen, weibliche und männliche Kollegen aufeinandertrafen. Konflikte zeigten sich vor allem in der jeweiligen Akzeptanz unter Geschlechtern und Hierarchiestufen. Wenn die geschäftsführenden Verantwortungsträger von Anfang an die »Spielregeln« klar formulierten, kommunizierten und abverlangten, verringerte sich das Konfliktpotenzial deutlich.

Bereits 1998 hatte ich aktiv das Arbeitsamt bei der Integration von Russlanddeutschen durch mehrwöchige Seminare zur Vorbereitung auf unsere Arbeitswelt unterstützt. Ich konzipierte erneut mögliche Umsetzungsstrategien für meine Region und den Arbeitsmarkt. Es gelang mir, einige meiner Trainerkollegen für dieses Projekt zu gewinnen. Unsere Zielgruppe waren diejenigen, denen nach erfolgreich absolviertem Sprachkurs der Eintritt in unsere Arbeitswelt erleichtert werden sollte. Das Projekt hielt ich für derartig wichtig, dass ich einen Minister in Wiesbaden zusätzlich einschaltete. Nach einem sehr offenen und vielversprechenden Telefongespräch habe ich ihm auf seinen Wunsch hin eine Mail mit meinen Informationen zu unserer Intention und Herangehensweise zugesandt. Er wollte diese Mail intern weitergeben und sich für dieses Projekt einsetzen. Es stellte sich heraus, dass dies nicht geschehen war. Ich telefonierte mit der verantwortlichen Kollegin im Bundesministerium und konnte durch ihre Unterstützung dennoch an einem Treffen teilnehmen. Es war allerdings kein Vergabetreffen, vielmehr waren die Fördergelder bereits in diesem hier internen Kreis aufgeteilt. Es lagen bereits komplette Konzeptionen vor. Diese Zusammenkunft war nur noch eine Farce.

Auch hier in Fulda bei den Entscheidungsträgern in den Kommunen gab es kaum Gesprächsbereitschaft. Irritiert war ich erst recht, als ich 2018 eine erneute Konzeption dem Arbeitsamt einreichte mit dem Ziel, Frauen mit Migrationshintergrund den Einstieg in die berufliche Arbeitswelt zu erleichtern und sie für die Erwartungshaltungen in Pflegeberufen, kaufmännischen, medizinischen und Dienstleistungsberufen zu sensibilisieren. Die Antwort eines Entscheidungsträgers: »Wir wollen uns nicht mit den Ehemännern anlegen.« Ich war sprach- und machtlos und habe mich zunächst zurückgezogen. Dann sollte dieser Weg nicht – vielleicht auch noch nicht – der meinige sein. Kampf ist keine gute Ausgangsbasis für eine Zusammenarbeit. Dann eben nicht. Fachkräftemangel herrscht mittlerweile nicht nur in Pflegeberufen.

Reflexion
Heute, 2024, sind Themen wie Gewalt gegen Frauen, gesellschaftliche Integration von Migranten, Integration von Frauen und Männern in die Arbeitswelt,

hoher Fachkräftemangel in aller Munde. Heute werden Lösungen gesucht und Fördergelder bereitgestellt, die meistens wieder in die gewohnte Verteilung fließen.

Werte, Überzeugungen, Grundhaltungen lenken unser Fühlen, Denken und Handeln. Die Fähigkeit zur Selbstreflexion, Selbstkritik und ein Weiterentwickeln der Persönlichkeit sind wichtige Eigenschaften, um ein angstfreies konstruktives Miteinander in unserer Gesellschaft zu sichern. Dass jede Kultur das Fühlen, Denken und Handeln eines Menschen prägt, ist uns allen bekannt. Folglich fördert eine gewalttätige und entwürdigende Erziehung gegenüber Frauen frauenfeindliche und patriarchale Einstellungen und eine allgemeine Gewaltbereitschaft sexuelle Gewalt. Zudem prägen kulturelle Einflüsse die Stellung der Frau in der Gesellschaft. Migration kommt dann als Risikofaktor ins Spiel, wenn es um Täter geht, die in ihrem Selbstbild sehr patriarchal geprägt sind und in alten Verhaltensmustern verharren, weil sie sich nicht mit anderen Kulturen beschäftigen und sich nicht anpassen wollen. Ich bin entsetzt und traurig, dass sehr vielen Frauen massives Leid widerfahren ist, das man hätte verhindern können. Daher erachte ich es nach wie vor als wichtig, Migranten mit unseren demokratischen Werten vertraut zu machen.

Ich beschloss seinerzeit, in dem Haifischbecken der Fördergeldverteilung nicht mehr mitzuschwimmen. Ich verdrängte den Gedanken: »Wir Frauen werden auch hier immer noch nicht respektiert.« Ich spürte, dass ich so nicht denken wollte. Vielleicht war ich einfach zu früh mit meinen Ideen und meinem Engagement. Vielleicht zu direkt oder zu forsch.

Ich sagte mir: »Es gibt zahlreiche Unternehmen, die dich und deine Kompetenzen schätzen. Also wende dich dorthin, wo du willkommen bist und deine Energie fließen kann.« Wenn es nicht einfach geht – dann geht es einfach nicht.

> »Wenn du etwas zwei Jahre gemacht hast, betrachte es sehr sorgsam, wenn du etwas fünf Jahre gemacht hast, betrachte es kritisch, nach zehn Jahren mach' alles ganz anders.«
> Mahatma Gandhi

Der Zeitgeist wandelte sich, Unternehmen unterhielten zunehmend selbst große Konferenzräume, in denen hausinterne Schulungen stattfanden. Ich entschloss mich loszulassen. Was ist noch sinnvoll in der heutigen Zeit? 2016, mittlerweile 57 Jahre alt, zog ich aus meinem großen Büro aus und entschied mich für eine zentrale Lage mitten in der Stadt. Das neue Büro war 45 Quadratmeter groß. Das bedeutete loslassen, reduzieren – und das tat ich auch, sehr gern sogar. Ich reduzierte nicht nur äußerlich die Raumgröße, sondern ich verdichtete auch mein Angebot. Es entstand das acht Module umfassende Führungsmentoring für die tägliche Praxis und ein Online-Training »Selfleadership – dein stärkstes Argument für deine Zukunft ist deine Persönlichkeit.«

2016 habe ich mich und mein Unternehmen reloaded – sozusagen neu erfunden. Meine Kernfarbe wurde ein leuchtendes Orange und seit 2016 ist meine Firmenbezeichnung: tornow business personality – training for tomorrow. 2017 feierte ich mein 25-jähriges Jubiläum mit langjährigen Geschäftspartnern und Geschäftsfreunden im Kloster Frauenberg. Mittlerweile habe ich das »Müssen« durch »Können« ersetzt. Ich suche mir meine Klienten und Kunden sorgfältig aus. Meine Vorgehensweise dahinter: Wenn die Grundwerte nicht übereinstimmen, können keine Ratschläge gegeben werden und man kann kaum konstruktiv zusammenarbeiten.

Mein t-Buch: Impulse – Aphorismen – Zitate aus meinem Training. Heute mein Gastgeschenk

Reflexion

Das Wissen der Kairologie bereichert meine Arbeit als Frau, Mensch, Trainerin, Coachin und Beraterin und trifft den Puls der Zeit. Menschen werden immer älter, sie wünschen sich eine andere Form der Lebensqualität. Das Wissen um Generationen und ihre Werte, um Potenziale, die ein Mensch mit in sein Leben bringt, und die Dynamik im Leben eines Menschen als auch um die Energien in den unterschiedlichsten Lebensphasen hilft bei der aktiven Lebensgestaltung und ist eine Bereicherung für jeden Menschen.

Dieses Wissen sensibilisierte mich mit neuen Erkenntnissen, machte mich verständnisvoller im Hinblick auf meinen zehn Jahre älteren Mann und auf meine nun fast 30-jährige Tochter Arabella.

Natürlich hatte ich meinen Mann und mich sehr genau mit diesem Wissen der Kairologie betrachtet und festgestellt, dass unsere Ehe eine echte Herausforderung sein würde. Er gehört zu einer Ordnungs- und Strukturgeneration. Ich gehöre zu einer Beziehungsgeneration. Wir sind zwei starke Persönlichkeiten, jeder steht als Unternehmer seine Frau bzw. seinen Mann, jeder von uns erlebte in seiner Vergangenheit Höhen und Tiefen.

Mein Mann ist ein Vollblutunternehmer, Gesellschafter und Geschäftsführer. In Sachen Finanzen macht ihm keiner etwas vor, da ist er geschickt und das bis heute. Er hat sehr viele analytische Persönlichkeitsaspekte, will daher Dinge akribisch analysieren und achtet auf Details. Einen Bereich seiner Firmengruppe, das Filmgeschäft, betreut er als Produzent. Mit 72 Jahren ist er als Geschäftsführer aus allen Bereichen ausgeschieden. Als Mensch und Mann ist er eine imposante, Raum einnehmende Erscheinung mit Witz: »Der Schalk steckt ihm im Nacken«.

Wir haben uns immer etwas zu erzählen, wenn wir zusammen sind. Jeder von uns hat seine berufliche Welt. Er erzählt aus seinem beruflichen Leben, ich aus meinem. Manchmal holt er sich Ratschläge bei mir oder umgekehrt. Es hat bei ihm einige Zeit gedauert, bis er mit meinen beruflichen Impulsen etwas anfangen konnte, war ihm doch diese Welt bisher unbekannt. Daher sah er in ihr keinen Nutzen und wusste sie nicht zu schätzen. Er gehört zu einer Generation, für die Denken in Strukturen mehr zählt als Beziehungen zu knüpfen und zu pflegen, zu lenken, zu leiten und zu motivieren. Das hat mich schon gekränkt: »Der Prophet im eigenen Land«. Sein Beruf war mir auch nicht geheuer. Das Letzte, was ich gebrauchen konnte, war ein stressiger, eitler Filmproduzent. Das wollte ich auf keinen Fall. Es war ein Grund, weshalb ich mich zu Beginn zurückgezogen hatte und sogar den Kontakt abbrechen wollte. Mein Mann weiß, was er will, und auch, was er nicht will. Er ist sehr klar in der Gestaltung seines Lebens und doch ein sehr toleranter Mensch. Ich erwischte mich dabei, dass ich diese Toleranz als Gleichgültigkeit und Desinteresse empfand. Er fragte nie nach, zeigte kein Interesse an meinem Tagesablauf. Zugegeben, ich war zu Beginn unserer Beziehung sehr misstrauisch, mir war und ist Interesse an meiner Person wichtig. Missachtung meiner persönlichen Bedürfnisse, Kälte und Ignoranz erlebte ich mit meinem ersten Mann. Seinerzeit war ich unerfahren, jung, konnte ihn nicht verstehen und schon gar nicht begreifen. Ich litt unter der Kälte. Ich wollte das nun nicht noch einmal erleben. Zumal ich nun wusste, dass er derselben Generation angehört wie mein erster Mann. Bereits kurze Zeit nach unserem Kennenlernen machte ich ihn mit dem Modell der unterschiedlichen Persönlichkeitsaspekte[16] und deren Auswirkungen im täglichen Miteinander vertraut. Er ist sehr rational und gefühlsmäßig eher verschlossen, mit hoher Ausprägung der analytischen und bewahrenden Aspekte. Bei mir sind die aktiven, emotionalen, bewahrenden Aspekte ausgeprägt.

Als Geschäftsmann, Unternehmer und Familienoberhaupt war er eine intensive Auseinandersetzung mit den Meinungen und Bedürfnissen anderer, insbesondere auf privater Ebene, offensichtlich nicht gewohnt. Dennoch war er neugierig auf diese neuen Aspekte eines Zusammenlebens. Heute lachen wir darüber und freuen uns, dass es uns immer wieder gelungen ist, uns und unsere Beziehung nicht aus den Augen zu verlieren. Reibung erzeugt Energie. Bei uns war es positive Energie.

Ich bin an dieser Herausforderung persönlich gereift in Bezug auf Resonanzfähigkeit und private Lebensgestaltung. Heute ist es ist ein schönes Gefühl, mit 62 Jahren angekommen zu sein und eine Partnerschaft auf Augenhöhe zu führen. Die Zeit, die wir zusammen verbringen, war bisher nicht eine Sekunde langweilig. Wir sind voller Pläne für die Zukunft und hoffen, dass uns der Weltfrieden auch weiterhin unsere Gestaltungsspielräume lässt.

Unser Running Gag betrifft unser Verständnis von Energie: Er denkt dabei an seine Kenntnisse aus der Physik, ich an Psychologie. Mein Mann beherrscht als gelernter Radio- und Fernsehtechniker mit Staatsexamen in Elektrotechnik die physikalischen Gesetze. Ich beherrsche die Gesetze der Psychologie und die der physischen Bedürfnisse des Menschen. Ein Naturgesetz der Energie ist, dass sie nicht zerstört werden kann. Sie wird immer eine andere Form annehmen. So reagierte mein Mann, als er bemerkte, dass mir Wanderungen, besonders bergauf, weniger Freude bereiteten als ihm: »Reibung wird in Wärme umgewandelt. Dadurch verbrauchst du Energie. Und wenn wir nachher den Berg runterlaufen, wird es dir leichter fallen. Denn dann wirkt die Hangabtriebskraft.« So erklärte er mir das und bis heute ist die »Hangabtriebskraft« unser Running Gag.

Energie muss fließen. Wir Menschen besitzen Energie, psychische und physische. Meist werden nur die physischen Bedürfnisse befriedigt. Wir essen, trinken, schlafen, bewegen uns, nutzen die »Hangabtriebskräfte« und die Psyche kommt zu kurz. Im schlechtesten Fall verkümmert der Mensch, wird launisch, nörgelt und wird vielleicht am Ende krank. Und so klärte ich meinen Mann auf: Psychische Bedürfnisse sind Anerkennung, Akzeptanz, Ruhe und Rückzugszeiten, spielerischer, humorvoller Kontakt, Herausforderungen und, vor allem, gesehen zu werden. Es ist auch wichtig, Ziele, Wünsche, Träume und Sehnsüchte zu haben, denn diese lösen Handlungen aus, um einen Endzustand zu erreichen. Ich stelle in meinen Workshops und Coachings immer wieder fest, dass ein Mensch, der keine eigenen Ziele hat, immer an den Zielen anderer mitarbeitet. Und viele Menschen beklagen sich, weil sie keine Energie haben, fühlen sich ausgenutzt und sind nicht glücklich. Ich weiß aus eigener Erfahrung: Es gibt nichts Schöneres, als an der Erfüllung eigener Wünsche zu arbeiten. Wünsche weisen uns den Weg. Wenn unsere Energie nicht fließen kann, kommt es zu einem Energiestau. Sie geht dann nach innen und wandelt sich in eine andere Form um, in Wut, schlechte Laune oder gar in Krankheit.

Das leuchtete meinem Mann ein. Ich muss ihn von Zeit zu Zeit daran erinnern.

Seit diesem Tag begleitet uns dieser Dialog in zahlreichen Reibereien, die nun einmal eine Beziehung mit sich bringt, insbesondere in einer Patchwork-Familie. Mittlerweile bin ich, was seine Familie angeht, »außen vor«. Die Kinder wünschten einen sehr reduzierten Kontakt zu mir. Die Enkelkinder kenne ich so gut wie gar nicht. Anfangs tat es weh, da ich Kinder sehr mag und gern mit ihnen spiele. Heute konzentriere ich mich auf meinen Beruf, meine Familie – also auf Arabella und meinen Mann –, pflege meinen kleinen Freundeskreis. Und plane vor allem immer mehr Zeit für mich ein. Bleiben Sie bei sich. Immer, wenn sie gedanklich ständig bei anderen sind, leiden Sie und vernachlässigen sich. Bei Ihnen können Sie etwas bewirken, auf Sie selbst haben Sie Einfluss. Nutzen Sie diesen Einfluss positiv. Wenn in meiner Partnerschaft auch unsere beiden Temperamente sehr deutlich zum Tragen kommen – er der rationale Analytiker, ich die empathische Abenteurerin –, verbindet uns das zarte Band eines unausgesprochenen Verständnisses für den anderen. Reibung erzeugt in der Tat Wärme … und das spüre ich heute besonders.

Die Beziehung zwischen meinem Mann und mir ist vergleichbar mit einem stabilen, dehnbaren Gummiband; manchmal ist sie ausgedehnt, dann wieder sehr eng. Das hält uns zusammen.

Reflexion

Die Lebensphase 9 lädt uns dazu ein, persönlich auszureifen. Bei mir war die Resonanzfähigkeit das Thema, es ging darum, noch einmal eine Beziehung einzugehen. Bei anderen kann das Thema die Lebensgestaltung sein, das Bedürfnis, sich endlich durchzusetzen und für sich selbst zu sorgen. Kürzlich hatte ich einen Workshop. Ein Mann mit sehr hohen rationalen Anteilen, sehr stolz und von sich überzeugt, berichtete mir in der Pause, ihm gehe es an diesem Tag nicht gut, er habe in der Nacht nicht gut schlafen können. Er sei physisch sehr angeschlagen. Seine Frau habe ihn am Wochenende für eine neue Liebe – einen jüngeren Mann – verlassen. Kurz vor dem 25. Hochzeitstag.

Ich erklärte ihm Folgendes: Mit der Lebensphase 9 beginnt eine Zeit, in der Kinder meist aus dem Haus sind bzw. ihren eigenen Weg gehen. Viele Partner leben einfach so weiter und wissen miteinander überhaupt nichts Schönes anzufangen. Dies ist eine Phase von vermehrten Trennungen. Der Wunsch nach Nähe und Liebe drängt uns, neue Wege zu suchen. Diese Phase bietet die Chance, die Liebe wiederzuentdecken, sie neu zu erfinden und dieser eine andere Qualität zu geben.

Ich selbst habe dies für mich genutzt. Natürlich gab es auch in dieser Lebensphase Zeiten, in denen ich ziellos war, wenn Lebenssituationen mich zwangen, zu handeln und die Richtung zu ändern. Die Zeit des Zweifelns hat mir sehr viel Energie geraubt. Es gelang mir jedoch immer wieder, mich neu auszurichten. Ich konnte in allen Lebensphasen meine Wünsche und Träume in Ziele umwandeln, die ich avisiert hatte.

Die heutige, komplexe und unsichere Welt voller Mehrdeutigkeiten fordert von uns Spontaneität und Veränderungsbereitschaft – Situationsflexibilität. Das gilt für alle Lebensentwürfe. Die Kairologie zeigt uns Wahrscheinlichkeiten auf, die wir durch unsere Entwicklung beeinflussen und verwirklichen können. Bleiben Sie bei sich. Folgen Sie Ihrem Kairos: Kairosmomente sind Momente, in denen Sie die Bedingungen erleben, die Sie an Ihr Leben stellen sollten. Sie geben Antworten auf solche Fragen: In welchen Situationen, beruflich und privat, waren Sie so richtig von innen heraus glücklich? Wann haben Sie Raum und Zeit vergessen, lebten nur im Hier und Jetzt? Wann waren Sie mit Leidenschaft bei Ihnen selbst oder bei Ihrem Tun?

>>*Was du gern machst – machst Du immer gut.*<<[4]

Mir geht es so, wenn ich schreibe, wenn ich konzipiere, wenn ich im Workshop oder im Coaching bin, in den Momenten, in denen ich – viel zu selten – mit meiner Tochter zusammen bin, wenn ich mich am Meer aufhalte, mit meinem Mann wandere oder mit Freunden etwas unternehme und beim Malen.

Lebensphase 10
Weitergeben

58 Jahre bis 65 Jahre – Kulturvertrauen aufbauen
Erhaltungs- und Übergabephase: Uns interessieren neue Themen. Wir entdecken neue Perspektiven, neue Partner.

Thema: frei werden, neue Welten entdecken

Fragen: Wie soll die Welt nach mir aussehen? Wen fördere ich?

In dieser Lebensphase geben wir weiter, vertrauen der Vernunft und bilden bleibende Gemeinschaften.

Leben heißt Vorwärtsschreiten. Wenn wir etwas als richtig erkannt haben, dann sollten wir es auch tun.

Ende 2018 entschied ich mich nach langer Überlegung, das Amt der Präsidentin der Soroptimisten, Club Fulda, für die Amtszeit von zwei Jahren, von 2019 bis 2021, anzunehmen. Ich wurde von meinen Club-Schwestern gebeten, unseren Club bekannter zu machen. Ich war offen für neue Aufgaben, mich interessierten neue Themen, ich wollte auch durch mein fundiertes Know-how und meine zahlreichen Kontakte den Club aktiv unterstützen. Ziel von Soroptimist International ist es, Frauen und Mädchen ein selbstbestimmtes Leben zu ermöglichen. Der Club ist ein weltweites Netzwerk von und für berufstätige Frauen von heute, er ist parteipolitisch und konfessionell neutral.[27] Dass Frauen selbstbestimmt leben können, ist leider nicht auf der ganzen Welt gegeben. Wenngleich meine Zeit als Präsidentin gemeinsam mit meinem Vorstandsteam überaus erfolgreich war, habe ich nach zwei Jahren nicht nur das Amt niedergelegt, sondern auch dem Club Fulda den Rücken gekehrt. Einige aus unserem Vorstandsteam haben ebenfalls entschieden, sich ihren eigentlichen Berufen wieder verstärkt zuzuwenden.

Was war passiert? Persönliche Eitelkeiten Einzelner verhindern oftmals das Erreichen gemeinsamer größerer Ziele. Es hätte weiterhin viel Kraft gekostet, destruktiven Energien entgegenzuwirken. Gruppen sind nur dann klüger als

Einzelpersonen, wenn sie Qualitäten emotionaler Intelligenz aufweisen. Jedes Gruppenmitglied trägt zur emotionalen Intelligenz bei. Emotionen sind ansteckend. Untersuchungen haben gezeigt, dass Gruppen bessere Entscheidungen als einzelne Gruppenmitglieder treffen, wie intelligent der Einzelne auch sein mag. Ausnahme: Wenn es in der Gruppe an Harmonie oder Kooperationsfähigkeit mangelt, leidet sowohl die Qualität als auch die Schnelligkeit der Entscheidungen.

Bei der Betrachtung der SIZE Success-Persönlichkeitsaspekte ergibt sich Folgendes: Wenn in einer Gruppe von zehn Personen zwei Drittel bewahrende, analytische Menschen sind und nur ein Drittel aktive, kreative mit einfühlsamen Anteilen, lassen sich Neuerungen oder kreative Ideen nur umsetzen, wenn die Beteiligten über ein bestimmtes Maß an Selbstreflexion und Selbstverständnis verfügen. Ansonsten neigen Menschen dazu, ihr Amt und ihre Macht für eigene Belange zu missbrauchen, und sie bremsen Innovationen und Visionen.

Reflexion

Das Leben lädt uns dazu ein, zu reifen. Aus der Wir-Vernunft über die Ich-Vernunft in eine Welt-Vernunft. Eine Vernunft, die das große Ganze sieht und nicht mehr nur die eigenen Belange.

Ich stelle leider in mancher Familie und in Unternehmen fest, dass viele Visionäre, Firmengründer, Entscheider in Behörden oder in der Politik, Väter oder Mütter immer noch so agieren, wie sie es vor langer Zeit gelernt haben. Sie haben ihre Werte, Überzeugungen und Glaubenssätze noch nie hinterfragt oder verändert. Übergabekonflikte sind vorprogrammiert.

Es ist traurig, mitansehen zu müssen, dass genau diese Personen, die im Leben viel erreicht haben, dies wieder zerstören. Sie verhalten sich stur und uneinsichtig, sind von ihrer Meinung überzeugt und lassen keine andere zu. Dieses Verhalten demotiviert aktive, kreative Menschen. Sie verlieren die Lust, wenden sich ab und wenden sich denen zu, die offen sind für Innovationen. Menschen, welche ihre Gewissheiten für die reine Wahrheit halten, treffen wir leider auf allen Ebenen unserer Gesellschaft.

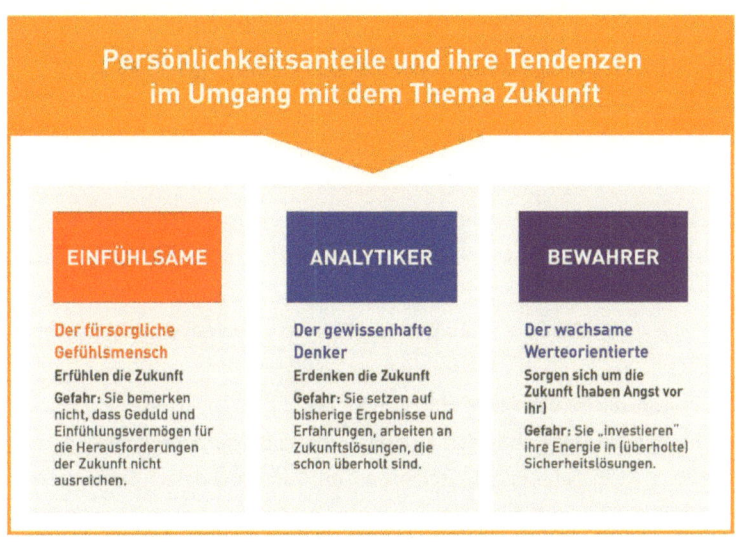

2020 wurde die ganze Welt gefordert. Corona hatte uns alle fest im Griff. Die Auswirkungen auf unser berufliches, öffentliches und auch privates Leben mit vielen Einschränkungen führten zu Ängsten. Freiheit, Selbstbestimmung, Unabhängigkeit – dass nichts mehr selbstverständlich ist, bekamen wir alle zu spüren. Zwangspausen zu Hause, Arbeiten im Homeoffice. Auch für mich als

Trainerin und Coachin war dies eine große, unerwartete Herausforderung. Wenn mir jemand vor zwei Jahren gesagt hätte, dass ich mich einmal intensiv mit den digitalen Medien auseinandersetzen würde, hätte ich gelacht. Obwohl ich Online-Kurse immer schon konzipieren und auch anbieten wollte, war ich über jede Ausrede froh gewesen, es nicht zu tun.

Nun hatte ich Zeit. Die nutzte ich und arbeitete mich auf dem Gebiet der digitalen Medien ein. Herausgekommen sind meine Visionen für die nächsten Jahre und einige Produkte, so diverse Online-Trainings, ein begleitendes Whitepaper zur Selbstreflexion und Analyse. 2021 habe ich mich auf das Gebiet des Podcasts begeben. Die Serie »LebensphRasen« werde ich nach diesem Buch zur Veröffentlichung fertigstellen. Dadurch, dass ich mittlerweile sowohl Präsenztrainings als auch hybride und Online-Trainings im Angebot habe, bin ich auch oft im »Homeoffice«, was ich sehr genieße.

Mit dem Zeitgeist gehen und nicht gegen ihn ankämpfen, offen sein für Neues, Mut entwickeln zum Ausprobieren. Wenn wir eine Portion Fehlertoleranz uns selbst gegenüber entwickeln und den Anspruch, alles sofort beherrschen zu wollen, reduzieren, machen Veränderungen sogar richtig Spaß. Dies eröffnet neue Horizonte und Möglichkeiten. Auch ich erlebte wieder einmal, dass das regelmäßige Training Sicherheit gibt und letztendlich zum Erfolg führt.

Zwei Highlights privater Natur möchte ich noch erwähnen: Mein Ehemann und ich sind gern in der Natur, fahren Fahrrad und wandern. Im Juli sind wir sieben Tage lang durch das Altmühltal geradelt, mit dem Ziel Kloster Weltenburg. Es war eine wunderbare Reise nur mit dem Fahrrad – Abenteuer und Einfachheit pur.

Obwohl die Pandemie auf Hochtouren lief und uns noch einengte, buchte ich für meinen Mann und mich eine geführte Alpenüberquerung für September 2021. Mein Geburtstagsgeschenk an ihn. Von Gmund nach Sterzing. Zum Glück beschäftigte ich mich mit den genaueren Details und Höhenunterschieden nicht im Vorfeld, ich wollte ihm eine Freude bereiten.

Es war einfach unbeschreiblich. Die Bergwelt, die Wege, das Gefühl, die eigenen körperlichen Grenzen und meine Höhenangst zu überwinden, und das gemeinsame Erleben. Wir hatten einen erfrischenden und sehr guten Bergführer, der sich mit der Botanik auskannte. So konnten wir auch auf diesem Gebiet Neues lernen.

Wir überwinden sogar die Alpen: Start mit einer Gruppe in Gmund/Tegernsee und Ankunft nach sieben Tagen in Sterzing. Ein unbeschreibliches Erlebnis voller imposanter Eindrücke und wunderbarer Momente für die Seele

Arabella war mittlerweile 30 Jahre alt, lebte und arbeitete auf Bali und in Los Angeles. Sie hatte sich spezialisiert auf das Erkennen und Heilen von maskulinen und femininen psychischen Wunden, mit dem Ziel, sie letztendlich in etwas Wundervolles zu transzendieren. Durch ihre Arbeit und durch ihren Podcast sensibilisiert sie bis heute Menschen dafür, dass eigene Wunden der Schlüssel und der Katalysator für ein erfülltes Leben sind. Sie hilft Menschen, zu erkennen und zu verstehen, dass wir die lange Kette verschiedener Traumata heilen können, die in uns existieren und die durch Generationen und Jahrhunderte weitergegeben wurden, wenn wir in die Tiefen unserer Schatten eintauchen und unsere Verletzungen der Seele heilen.

Ich war glücklich, dass wir uns nach wie vor vertraut waren, trotz der Ferne. Gern tauschte ich mich mit ihr auch auf fachlicher Ebene aus. Ich war neugierig auf ihr Wissen, es bereicherte mich und meine Arbeit. Ich war stolz auf Arabella und bewunderte, wie zielstrebig sie ihren Weg gestaltet hatte. Ich wusste um so manche Entbehrungen, die sie in Kauf genommen hatte. Ich wusste um zahlreiche Schwierigkeiten und Herausforderungen, die sie bewältigen musste. Sie war angekommen und sich selbst immer treu geblieben. Heute können wir uns gut vorstellen, in Zukunft ein gemeinsames Retreat zu gestalten. Vielleicht auf Bali, vielleicht in Mexiko, in Costa Rica und vielleicht sogar in Deutschland.

Ich war nun 63 Jahre alt. Seit ich mir Wissen über die Lebensphasen angeeignet hatte, war mir bewusst, dass sich die Kraft einer neuen Form von Bedeutungen, die wir Dingen, Umständen, Menschen, Situationen geben, im Laufe des Lebens und auch in Lebensphasen entwickelt. Danach folgt eine Latenzphase, eine Zeit, in der nichts passiert, zumindest nichts Offensichtliches. Ich vergleiche diese Stufen mit einem Wasserkocher. Ich befand mich auf der letzten Stufe des Wasserkochers, auf der Stufe 4 – Handeln; es brodelt.

Wenn ich heute zurückblicke auf den Beginn dieser Phase, war nichts Neues für mich zu erkennen. Im Gegenteil: Ich arbeitete weiter in meinem Beruf, lebte in meiner Partnerschaft und ... ja, das Und ...

Angedacht hatte ich vieles: wie ich beruflich Prioritäten setzen wollte und wie ich nun leben wollte mit meinem Mann, auch im Austausch mit ihm. Eine berufliche Priorität ist dieses Buch. Ihm habe ich mich gern und mit großer Leidenschaft gewidmet. Gleichzeitig waren meine Terminkalender auch für dieses Jahr bereits gut gefüllt und das hätte gereicht. Ich konnte jedoch bei einigen zusätzlichen Anfragen nicht Nein sagen: Ich nahm einen Auftrag für eine Klinik an, eine Begleitung zu einem Bewerbungsvorgang bis hin zum Bewerberinterview für eine gehobene Stelle und eine Workshopreihe für einen kirchlichen Träger zum Thema Persönlichkeitsentwicklung und Change Management.

Bei der Workshopreihe musste ich leider feststellen, dass sich im Hinblick auf Hierarchien, Ebenen und den Stellenwert der Frau im kirchlichen Umfeld nicht viel verändert hat. Wegen meiner eigenen Geschichte lag mir diese Zusammenarbeit besonders am Herzen. Ich fühlte mich geehrt und war sehr froh darüber, dass man sich gerade in der heutigen Zeit, in der die Kirche sehr angreifbar geworden ist, mich, eine Frau, für diese wichtigen Themen ausgesucht hatte. Ich hatte den Auftrag auf eine Empfehlung eines Entscheidungsträgers aus der Wirtschaft erhalten. Ich bereitete mich noch besser vor und nahm mit einigen Priestern und kirchlichen Vertretern Kontakt auf, um ein Stimmungsbild zu erhalten.

Ich bemerkte sehr schnell, dass ich nur geduldet war. Meine Workshop-Veranstaltungen wurden intern nicht beworben bzw. nicht im Rahmen der internen Kommunikationswege über die Führungskräfte kommuniziert. Interessenten erhielten als Antwort auf ihre Anfragen, dass die Workshop-Veranstaltungen ausgebucht seien. Das stimmte jedoch nicht. Wir waren meistens nur zu zweit oder zu viert. Und meistens unter Frauen. Von der geringen Teilnehmerzahl profitierten die Teilnehmenden. Alle Praxisfälle konnten intensiv analysiert und konkrete individuelle Umsetzungsstrategien erarbeitet werden. Die Ergebnisqualität hatte sich offensichtlich herumgesprochen. Zu diesem Workshop gab es zwar nur eine Anmeldung, dennoch sollte er stattfinden. Am Morgen des Workshops bekam ich einen Anruf, dass doch noch ein Teilnehmer dazukommen würde. Dass dies ein interner Trainer war, erfuhr ich erst später. Auf die Frage, was jeder erwartete, sagte eine Teilnehmerin: »Wir legen gerade drei Pfarreien zusammen, ich habe die Koordination und da möchte ich konkrete Strategien mitnehmen.« Der zweite Teilnehmer sagte: »Ich bin vor allem an den Tools interessiert. Alles andere kann ich, möchte daher nicht so in die Details gehen.« Die Teilnehmerin gab mir zu verstehen, dass dieser Teilnehmer auch mit Vorgesetzten von ihr arbeitete und sie sich daher hier nicht öffnen würde. Das konnte ich gut nachvollziehen. Ich bot dem »Trainerkollegen« an, mit mir einen separaten Termin zu vereinbaren, bei dem ich auf ihn eingehen und seine Toolbox auffüllen könnte. In diesem Kontext jedoch hätte ich den klaren Auftrag, mit den Teilnehmenden und mithilfe diverser individueller Change-Tools konkrete individuelle Umsetzungsstrategien zu erarbeiten.

Er war von meinem Vorschlag nicht begeistert. Ich rief den Personalchef an, informierte ihn über meine Vorgehensweise und teilte ihm auch mein Angebot und meine Beweggründe mit. Er gab mir zu verstehen, dass er alles nachvollziehen könne. Ich bekam jedoch keinen weiteren Auftrag. Im Nachhinein war es aber eine gute Entscheidung, so zu verfahren, denn ich hörte einige Zeit später von der besonders gut gelungenen Zusammenlegung der Kirchengemeinden in der osthessischen Region.

Ich war sehr irritiert über diese Art und Weise der Zusammenarbeit. Ist die Kirche doch noch nicht offen genug, um Frauen auf Augenhöhe als »Sparringspartnerinnen« zu akzeptieren? Ging es um meine erfolgreiche Vorgehensweise, die später auch mit den Führungskräften umgesetzt werden sollte? Lag es an dem Entscheider für Fortbildungsveranstaltungen? Oder war ich einfach nur zum unglücklichen Zeitpunkt am falschen Ort?

Im ersten Moment fühlte ich mich in meinen Annahmen bestätigt, dass sowohl Offenheit, Transparenz, partnerschaftliche Zusammenarbeit und Female Leadership immer noch keinen festen Platz im kirchlichen Kontext gefunden haben. Dies ist eine große Aufgabe für alle Beteiligten: Wie gelingt es, Tradition und Moderne zu verbinden, um eine stabile Zukunft möglich zu machen?

Ein möglicher erster Schritt ist, sich für andere Denkweisen zu öffnen und sich zu verändern, das große Ganze zu sehen, weit über den eigenen Tellerrand hinauszublicken und sich zu fragen: Was bringen uns neue Denkweisen? Welche langfristigen Auswirkungen haben Einzelentscheidungen. Das gilt für Unternehmen, Verbände, Clubs, öffentliche Einrichtungen, kirchliche Einrichtungen und die Menschen, die dort zusammenkommen.

Ich war wieder einmal in die Begeisterungsfalle gerutscht, hatte vor lauter Aktivität nicht bemerkt, dass der Personalchef nicht wirklich an einer Fortsetzung einer Zusammenarbeit mit mir interessiert war. Ich hätte diese Zusammenarbeit in der neuen Konstellation mit diesem Personalverantwortlichen früher kritischer betrachten und sie auch beenden sollen. In meinem Beruf, in meiner Ehe, bei meinen sonstigen Aktivitäten wünschte ich mir Beziehungen von anderer Qualität. Nur, ich hatte meine innere Stimme nicht beachtet – mich reiztes, dieses Thema in der Institution Kirche zu begleiten –, meine Energie konnte ja fließen, zumindest mein berufliches Know-how.

Kurz vor meinem Geburtstag war ich beruflich sehr gefordert. Ich übernachtete für einen Workshop in Hamburg. Als ich morgens aufwachte, war ich sehr traurig und weinte. Was war passiert?

Ich hatte geträumt, dass ich gerade sehr angeregt mit Menschen kommunizierte – ich war bei einer Trainingsveranstaltung. Plötzlich bemerkte ich nicht weit weg von mir einen Wickeltisch und darauf lag ein Baby. Es war ruhig und scheinbar zufrieden. »Ach«, sagte ich, »du bist aber ein braves Kind, ich habe dich gar nicht bemerkt. Seit wann bist du denn hier? Ich komme gleich und kümmere mich um dich.«

Ich drückte es kurz und ging zurück zu meinen Gesprächspartnern. Nach längerer Zeit fiel mein Blick erneut in Richtung Wickeltisch. Dieses Mal hatte sich das Baby gedreht; lag auf seinem Bauch und streckte seinen Popo hoch in die Luft. Es weinte nicht und war nach wie vor scheinbar zufrieden. Ich hörte mich sagen: »Du bist aber ein Liebes«, wachte auf und hatte Tränen in den Augen.

Mein erster Gedanke galt Arabella; hatte ich sie vernachlässigt? Doch dann fiel mir ein: Ihr geht es gut, sie lebt und gestaltet ihr Leben, wie es ihr gefällt. Sie lebt auf Bali. Plötzlich erkannte ich: Das kleine Baby war ich selbst. Ich war gerade auf dem Weg, mich zu vernachlässigen. Mich nicht mehr um mich zu kümmern. Mein Ich war auf dem Weg zu verkümmern. Still und stumm funktionierte ich in meinem Leben. Was war passiert? Ich war voll dem Begeisterungstrieb gefolgt, hatte meinem Ausdruckstrieb zu viel Raum gegeben, meinen Ruhetrieb vernachlässigt und war offenbar im Überlebenstrieb gelandet. Zudem traten starke Turbulenzen in der ehemaligen Firma meines Mannes auf, in der er noch zum Teil Gesellschafter war. Sie forderten ihn in seiner derzeitigen Lebensphase sehr. Sogar ich wurde mit hineingezogen. Die Situation belastete ihn und mich. Für meinen Mann tat es mir besonders leid, denn in seiner Lebensphase wäre es besser gewesen, er hätte zufrieden auf sein Leben zurückblicken und loslassen können. Für mich war klar, dass wir diese Herausforderung gemeinsam bewältigen konnten. Es hatte mich scheinbar doch mehr mitgenommen, als ich dachte.

Ich hatte schon bemerkt, dass ich nicht mehr ganz so ausgeglichen war, wie ich es gern bin. Das Ausbrennen ist scheinbar ein schleichender Prozess.

Der Traum hatte mich aufgeweckt, mich wieder sensibilisiert.

Es lag einzig und allein an mir. Ich kümmerte mich nicht um mich selbst, wie ich es tun sollte. Ich hatte mir selbst keinen Raum für Spaß, Fröhlichkeit und Lockerheit mehr gelassen. Im Coaching frage ich meine Klienten nach ihren Erlebnissen in früheren Lebensphasen. Hier sind Muster zu erkennen, wie diese in ähnlichen Lebenssituationen agiert haben. Das Modell der Lebensphasen ermöglicht mir, noch präzisere Fragen zu ganz bestimmten vergangenen Lebensphasen zu stellen.

Ich blickte zurück auf meine vorherigen Lebensphasen: Wie hatte ich zwischen 19 und 25 Jahren oder zwischen 39 und 45 Jahren agiert? Ich erkannte, dass diese Lebensphasen immer angefüllt waren mit den unterschiedlichsten sozialen Kontakten, mit Ruhepausen, Auszeiten, Aktivitäten und vor allem mit Klarheit für mich, die ich durch Entscheidungen herbeigeführt hatte.

Wie genau sah das aus? Ich bin liebevoll aufgewachsen, habe also ein gutes Paket Urvertrauen mitbekommen. In der Zeit meiner Pubertät habe ich gegen so manchen Widerstand Konflikte gut gelöst; mir ist es gelungen, meinem Kind-Ich immer Raum zu geben, natürlich anders als mit zwei oder drei oder sechs Jahren. Ich habe Spaß, Freude, Lust, Mut und Offenheit für Neues nie verlernt. Später habe ich mich weiterentwickelt und die Welt für mich entdeckt. Mit 32 habe ich gravierende Lebensentscheidungen getroffen, die ich nicht bereut habe, mit 45 erneut, was auch richtig, wenn auch sehr herausfordernd und schmerzhaft gewesen war.

Das Leben ist ein Reifeprozess; es lässt uns persönlich wachsen, wenn wir es zulassen. Die Entscheidungen in meinen früheren Lebensphasen waren richtig und wichtig.

Reflexion
Versetzen Sie sich in die Situation eines uralten Menschen. Wo, mit wem, wie wollen Sie gelebt haben? Mir fallen spontan Arabella, mein Mann und eine Handvoll Verwandte, Freunde und Bekannte ein.

Unreflektierte Prägungen unserer Vergangenheit ermöglichen vielen Menschen nicht, die Lebensqualität zu erleben, die wir uns vielleicht wünschen würden. Ebenso Umfeldbedingungen, auf die wir keinen Einfluss haben, nicht mehr haben.

Mein Mann war ein Nachkriegskind, ich war ohne Mangel groß geworden. Lebenslust, Lebensfreude sind ihm zwar nicht fremd, doch Prägungen aus der Kindheit, die unreflektiert übernommen werden, zeigen sich in späteren Lebensphasen wieder, die Art und Weise, wie Probleme gelöst werden, wie miteinander kommuniziert wird, wie oder ob überhaupt über Gefühle gesprochen wird.

Ich habe oft das Gespräch gesucht, wir haben viele Gespräche geführt. Diese waren zwar zu Beginn meinem Mann nicht immer willkommen. Rückblickend stelle ich fest: Gerade diese intensiven Gespräche haben dazu geführt, dass wir heute gemeinsam in die Zukunft schauen. Gut war auch meine Zustimmung zum gemeinsamen Haus und dass ich nicht auf einer Eigentumswohnung bestanden habe. Das Haus fordert ihn fast täglich, gerade im Frühjahr. Seine Energie kann fließen, er handwerkt gern und unterstützt mittlerweile eine soziale Einrichtung mit seiner Tatkraft und mit seinem Wissen. Da zwischen uns nun wieder eine neue Klarheit herrscht, kann ich meine Energie nun dosierter und entspannt fließen lassen.

Ich habe meinen neue Erkenntnisse auch sofort umgesetzt und damit meine neue Lebensqualität eingeleitet. Geburtstage hatten für mich immer schon eine große Bedeutung, bieten sie doch immer die Möglichkeit, Abschied zu nehmen von dem, was vergangen ist, und das neue Lebensjahr willkommen zu heißen. Je nach Stimmung habe ich diesen Tag bewusst für mich verbracht oder dem Start ins neue Lebensjahr einen schönen Rahmen gegeben, mit Freunden und liebgewonnenen Wegbegleitern zusammen das neue Lebensjahr begrüßt. Zu meinem letzten Geburtstag habe ich mir nun Zeit mit mir selbst geschenkt, Me-Time. Entspannen kann ich am allerbesten an der Nordsee. Im März ist es dort sehr stürmisch. Das hat mich jedoch nicht davon abgehalten, mich dort einige Tage einzubuchen. Immer wenn ich am Meer lief, schien sogar die Sonne – ein wunderbares Vorzeichen für mein nächstes Lebensjahr.

Zudem habe ich mir einen Wunsch erfüllt und buchte einen Aquarellmalkurs. Eigentlich wollte ich bereits mit 33 Jahren Malen lernen. In meiner imaginären Welt sah ich mich immer wieder auf einer wunderbaren Terrasse am Meer stehen, ausgerüstet mit Zeichenblock und Staffelei, Farbpalette und Pinsel. Meine favorisierte Maltechnik ist die Acrylmalerei, doch als Einstieg bietet sich die Aquarellmalerei an, das weiß ich noch von meiner Grundschullehrerin Gretel, der begnadeten Künstlerin, die auch gemeinsam mit Gefängnisinsassen gemalt hatte.

Bereits am Telefon habe ich mich mit der Künstlerin Marleen sehr angenehm und lange ausgetauscht. Ich freute mich wie ein kleines Kind auf unseren Termin. Wir gingen in ihr kleines Studio, es kam noch eine Dame hinzu. Marleen hat mich mit ihrem Lebensmodell und ihrer Lebenseinstellung beeindruckt. Mit 77 Jahren gibt sie auf Sylt Malkurse.

Sie war in ihrem früheren Leben im Personalmanagement einer großen Steuerkanzlei tätig. Mit 45 stellten ihre Ärzte eine Krebsdiagnose, seitdem lebt sie mit dem Bangen, der Krebs könnte zurückkehren. Sie sagte, sie lenke sich durch Tätigkeiten, die ihr Lust und Freude bereiten, ab und denke dadurch nicht an ihre Krankheit. Ihre Tage sind ausgefüllt.

So hat sie sich mit 57 Jahren entschieden, ihr Haus in Hamburg aufzugeben und ist in eine kleine Wohnung auf Sylt gezogen. Sie gab und gibt Schachunterricht für Kinder, Nachhilfe für Migrantenkinder und ihre Mütter und sie malt. Als ich bei ihr war, kam ein Mädchen zur Nachhilfe, mit Französisch als Muttersprache. Sie saß mit ihren Rastazöpfen dabei und wartete geduldig, bis Marleen später Zeit für sie hatte. Ich hatte zwar nur zwei Stunden gebucht, aber Marleen schaute für mich nicht auf die Uhr. Das Mädchen malte auch ein

Bild. Ich war erstaunt, wie gekonnt und schnell sie ein wunderbares Bild angefertigt hatte. Sie lernte von Marleen beim geduldigen Warten so nebenbei das Aquarellmalen.

Marleen hat in ihrer Lebensphase 9 ihre Persönlichkeit abgerundet, wenn auch unter dem Druck der Krankheit. Sie hatte dieses Zeichen der Seele erkannt und als Chance genutzt. Ich war begeistert von ihrem Mut. Ich berichtete ihr von der Kairologie und sie sagte: »Hätte ich das früher gewusst, wahrscheinlich hätte ich mich mehr um mich selbst gekümmert.«

Aquarellmalen fordert anders als Acrylmalerei. Beim Acrylmalen kann man mutiger vorgehen. Beim Aquarellmalen ist es wichtig, die feinen Farbpigmente mit Wasser sorgfältig aufzulösen. Für mich, mit meinem schnellen Antreiber, meinen aktiven Anteilen, ist das eine echte Herausforderung. Versunken in meiner Arbeit malte und kreierte ich mit Geduld, Ausdauer und großer Freude mein erstes Bild. Marleen und ich waren uns offenbar sehr ähnlich. Marleen sagte: »So wie du war ich früher auch und bin es, wenn ich ehrlich bin, auch heute noch. Etwas forsch und schnell bei der Sache und beim Umsetzen.« Sie hatte Verständnis für mich und wir mussten beide lachen. Sie gab mir eine kleine Zeichenblockvorlage 12 x 15 cm, ich bat um eine größere, das kleine Bild sieht man ja nicht. Sie lachte. Und natürlich dauerte mein Bild dementsprechend länger – daran hatte ich nicht gedacht.

Einführung in die Aquarelltechnik, mein erstes selbst gemaltes Bild

Am nächsten Tag habe ich mir meinen ersten Zeichenblock und Aquarellmalstifte gekauft. Keinen kleinen, einen großen für große Bilder. Und raten Sie mal, was ich am nächsten Tag machte? Und nicht nur am nächsten Tag:

Mittlerweile habe ich auch mit Acrylfarben gemalt. Beide Maltechniken fordern auf, den Blick nach innen zu richten. Ich stelle fest, je nach Stimmung und innerlichem »Aufgeräumtsein«, entstehen harmonische Bilder oder weniger harmonische Bilder. Aquarellfarben sind viel leichter und transparenter, während Acrylfarben deckend sind und damit ausdrucksstärker. Mir gefallen beide Techniken, wobei Acryl mehr Farben zur Auswahl hat, da ich sie mischen und großzügiger mit ihnen agieren kann.

Ich mag Bäume. Daher malte ich als Erstes einen Baum

In meinen Seminaren lasse ich Teilnehmende oft einen Baum malen. Meist verbringen sie viel Zeit mit der Krone, sie vergessen die Wurzeln. Je tiefer die Wurzeln, je widerstandsfähiger und kraftvoller ist der Baum. Das trifft auch auf uns Menschen zu. Wie tief verankert sind die Wurzeln Ihres Vertrauens zu Ihnen selbst?

Reflexion
Glück ist die positive Bewertung des eigenen Lebens. Diese Lebensphase lädt dazu ein, mit Neugierde Neues zu entdecken und zu erleben. Das habe ich tatsächlich getan. Gleichzeitig gibt es eine Energie, die den Wunsch wachsen lässt, stabile Gemeinschaften zu bilden. Auch da bin ich dabei. Wir wollen auch Wissen weitergeben – da bin ich noch nicht beim Abschluss. Zum Glück weiß ich heute, dass ich noch einige Monate Zeit haben werde. »Alles hat seine Zeit«. Dieser Satz hat für mich durch das Wissen der Kairologie eine tiefere Bedeutung erhalten.

Die Lebensphase zwischen 59 und 65 bietet uns wieder die Möglichkeit eines Aufbruchs, eines Neubeginns. Neues zu entdecken und zu erleben.

Die Offenheit, Neugierde und Freude eines Kindes sind dann vorhanden, wenn es uns gelungen ist, in den vorherigen Lebensphasen und insbesondere in der Phase 9 zwischen 52 und 58 Jahren unsere Persönlichkeit abzurunden.

Wenn wir unsere Lebensreise dafür genutzt haben, als Persönlichkeit in allen Bereichen der Entfaltungstypen zu reifen, dann sind wir heute in der Welt der Vernunft angekommen. Weltvernunft spürt man bei Menschen, die Dinge tun, die nicht nur ihnen selbst einen unmittelbaren Nutzen bringen, sondern die der Gesellschaft etwas zurückgeben, ehrenamtlich agieren, sich engagieren, wo auch immer. Sie definieren Wert nicht mehr nur durch Konsum und Äußerlichkeiten.

Selbstreflexion

Mein beruflicher Werdegang mit Blick auf L4 bis L10

	GEIST Geistige Einheit	ICH-WIR Emotionale Einheit	ORDNUNG Formale Einheit	HANDELN Einheit im Handeln
Werden	**L1** 0–5J 9 M Wie konnte ich die Welt erkunden? Wie wurde ich angenommen? **Ur-Vertrauen**	**L2** 5.9–12.4 Welche Normen und Regeln habe ich erfahren? Wie habe ich Autoritäten erlebt? **Ur-Wissen**	**L3** 12.4–18.11 Ringen um die eigene Identität und den eigenen Platz – Wie gehe ich mit Konflikten um? **Ur-Beziehung**	**L4** 18.11–25.5 Glaube ich an mich selbst? Wie erfolgt meine Berufswahl? Welchen Beruf erlerne ich? **Ich-Vertrauen**
Gestalten	**L5** 25.5–32.0 Was ist meine Vision – beruflich und privat? Wo will ich hin? Wie groß denke ich? **Grundsatzentscheidungen**	**L6** 32.0–38.6 Was baue ich mir auf? Beruflich und privat? Kann ich weiter wachsen? **Karriere & Familie**	**L7** 38.6–45.1 Passt die äußere Form zu meinen Überzeugungen und Vorstellungen? Welche Initiativen ergreife ich? **Rationale Ordnung**	**L8** 45.1–51.7 Welche Ergebnisse und Erfolge kann ich für mich verbuchen? Wird meine Expertise anerkannt? **Maximales Gestalten**
Wirken	**L9** 51.7–58.2 Wo stehe ich und was habe ich erreicht? Was passt noch, was nicht mehr? Was ist meine Rolle in der Welt? **Ganzheitliche Integration**	**L10** 58.2–64.9 Wie kann ich frei werden? Welche neuen Welten tun sich auf? **Übergabe**	**L11** 64.9–71.3 Wie kann ich mein Lebenswerk stabilisieren und fortführen und zum Allgemeinwohl beitragen? Wie kann ich meinen Status quo bewahren? **Stabilisierung**	**L12** 71.3–77.10 Wie fällt die Bilanz über mein Lebenswerk aus? Erfährt es Anerkennung? Gelingt es mir, loszulassen? **Gelassenheit/Loslassen**

1. Was ist beruflich in welcher Lebensphase passiert? _____
2. Erkenne ich eine Veränderung meiner Prioritäten? _____
3. Wann habe ich mich beruflich **nicht** gut gefühlt? _____
4. Wann habe ich mich beruflich gut gefühlt? _____

Lebensphase 11
Beitrag zum Allgemeinwohl

65 Jahre bis 71 Jahre – Kulturwissen aufbauen
Verfestigungs- und Nachdenkphase: Wir möchten unser Lebenswerk absichern.

Thema: weiterdenken, den Geist trainieren

Fragen: Fühle ich mich als Teil einer Wertegemeinschaft? Wie kann ich meinen Status quo bewahren? An welcher Stelle kann ich mich in meinem gesellschaftlichen Umfeld sinnvoll einbringen?

Die Dynamik des Lebens lädt mich nun ein, zu lernen, weise zu denken. Auf dem Gebiet der Selbstentfaltung fordert sie auf, Altersweisheit zu entwickeln und diese im offenen Austausch mit anderen zu teilen. Zudem rät sie: Versöhnen Sie sich so gut wie möglich auch mit bleibenden weltanschaulichen Unterschieden. Das ist eine Herausforderung, wenn man sieht, dass ein selbstbestimmtes Leben vielen Frauen nach wie vor und sogar wieder verwehrt wird.

Auf dem Gebiet der Lebensentfaltung bietet diese Phase die Möglichkeit, Energien in die Zukunft zu tragen, indem wir längerfristig wichtige Strukturen fördern. Auf dem Gebiet der Resonanzentfaltung fordert sie uns auf, werteorientierte Beziehungen zu bilden. Die Nähe zu Gruppen und Menschen werden Sie in dieser Phase immer mehr über Nähe und Inhalt der Kommunikation erfahren.

Tun Sie jedes Jahr etwas, was Sie noch nie getan haben. In diesem Jahr habe ich es bereits getan. Letztes Jahr habe ich einen Intensiv-Englischkurs begonnen und das Gelernte gleich in den USA umgesetzt, unter anderem bei einem Hiking-Trail zu Pferd – eine Riesenüberwindung, weil alles neu war, aber ein großartiges Erlebnis, das ich Arabella verdanke. Mein Vorhaben für dieses Jahr: Irland endlich kennenlernen.

Als ich 24 war, hat ein Kunde – seinerzeit war ich noch auf der Bank tätig – mir von seinem dreieinhalbwöchigen Trip durch Irland erzählt. Er schwärmte von dem Land und zeigte mir wunderbare Bilder. Im April dieses Jahrs war ich dort. Ich hatte dort ein Yoga- und Qi-Gong-Retreat für fünf Tage gebucht. Ein energetisch wundersamer Kraftort. Irland ist dafür bekannt. Ich war die einzige Teilnehmerin aus Deutschland. Das war eine enorme Herausforderung zum einen auf dem Gebiet meiner sprachlichen Englischkenntnisse, zum anderen im Hinblick auf meine Beweglichkeit beim Yoga und auf dem Gebiet des »nichts tun«, was mir mit meinen aktiven Anteilen immer noch schwerfällt. Ich habe Yoga als neue Form der Entschleunigung gefunden, die mir heute unendlich guttut.

Wenn du nicht nach Deutschland kommen kannst, dann komme ich zu dir – Arabella und ich treffen uns in Kalifornien

Mein Beruf erfüllt mich nach wie vor. Die Lebensphase 11 ist geprägt von maskulinen Schwingungen und es drängt mich zu handeln, zu gestalten. Ich begleite aktuell vier Firmen sehr individuell. Das bindet Zeit. Zudem widme ich diesem Buch gern viel freie Zeit. Und ich fühle mich genervt, wenn es zu kurz kommt. Die Themen meines Mannes in seiner aktuellen Lebensphase 12 sind noch nicht meine.

Dieses Bewusstsein empfinde ich als sehr wertvolles Wissen, um eine stabile Partnerschaft zu leben. Die Kairologie macht die Unterschiede der Generationen, Haltungen und Themen in den unterschiedlichsten Lebensphasen im Miteinander transparent und begreifbar und fördert dadurch die Bereitschaft für Verständnis auf beiden Seiten.

Ich merke, dass es mich nun drängt, das Buch zu veröffentlichen. Vor sechs Jahren, nach meinem 25-jährigen Jubiläum, kam mir die Idee, meine Erfahrungen und mein Wissen weiterzugeben.

Als ich mir vor Jahren die Trainerwelt erschloss, holte ich mir Anleitungen und Impulse aus dem sehr dicken Ratgeber für Trainer von Michael Birkenbihl, Personaltrainer und Unternehmensberater, Vater von Vera Birkenbihl[28]. Sein Buch beinhaltet eine Vielfalt wertvoller und praxisnaher Methoden und Techniken aus der Entwicklungs- und Verhaltenspsychologie, die mir das Arbeiten als Trainerin erleichterten.

Mit diesem Buch auf der Basis des Lebensphasenmodells der Kairoswissenschaft, des Wissens um Generationen und ihren Werten und einigen praxistauglichen Trainingstools aus meinem Erfahrungsschatz möchte ich dazu beitragen, dass auch Sie Ihrem Leben die Lebensqualität geben können, die Ihnen möglich sein könnte. Wir Menschen nutzen gerade einmal ein Drittel unserer Fähigkeiten, zwei Drittel liegen brach[4].

Aktuell stehen auch mein Mann und ich vor neuen Herausforderungen, die auch dem Zeitgeist und den wirtschaftlichen, gesellschaftlichen und weltpolitischen Rahmenbedingen geschuldet sind. Unsere Gespräche drehen sich um emotionale Verletzungen, menschliche Enttäuschungen und Verluste. Obwohl mein Mann vor drei Jahren als Geschäftsführer abgetreten ist, berühren und belasten ihn die Probleme seiner Unternehmensgruppe, die nach seinem Ausscheiden eingetreten sind, sehr und damit auch uns. Ich bin sicher, es wird wieder einen Weg geben, denn aus jedem Mangel entsteht eine neue Chance.

Ich bin offen und gespannt, welche Möglichkeiten und Chancen sich noch auftun werden.

Mein Mann und ich begegnen uns heute auf einer transformierten Ebene, respektieren und schätzen den anderen mit seinen Ergänzungen und suchen nach gemeinsamen Lösungen. Wir sind beide an unserer Beziehung gewachsen. Das gibt ein gutes Gefühl. Wir planen wieder gemeinsam Zukunft. Das tut gut.

Schön ist es, die Prioritäten nun gemeinsam bewusst anders setzen zu können.

Ich achte mehr denn je darauf, dass ich mich nicht nur vom beruflichen Begeisterungsstrahl einnehmen lasse, sondern gebe dem privaten deutlich mehr Raum.

Ich freue mich auf die Veröffentlichung dieses Buches. Auch bin ich gespannt, welche Möglichkeiten sich ergeben werden, um nach wie vor Menschen und Unternehmen zu begleiten und zu unterstützen.

Lebensphase 12
Loslassen und das Miteinander genießen

71 Jahre bis 78 Jahre – eine Kulturbeziehung aufbauen
Loslassphase: Wir blicken gelassen auf ein erfülltes Leben zurück und lassen endlich los.

Thema: Altersgelassenheit entwickeln

Fragen: Wie fällt die Bilanz meines Lebens aus? Erfährt es Anerkennung? Inwieweit gelingt es mir loszulassen? Kann ich andere machen lassen, ohne mich einzumischen? Kann ich eine Synthese meines Weltverständnisses mit dem meines jetzigen kulturellen Umfeldes erreichen? Welche Freiheiten ermöglichen mir meine gesundheitliche Verfassung und mein soziales Umfeld? Inwieweit verfüge ich über Altersgelassenheit und kann auf ein größeres Ganzes vertrauen? Kann ich die Welt sein lassen, wie sie ist?

Ich wünsche Ihnen, dass Sie diese Fragen mit innerer Zufriedenheit, Dankbarkeit, innerer Gelassenheit und glücklich beantworten werden, wenn Sie in dieser Phase angekommen sind. Je mehr ein Mensch sein Leben aus sich selbst gemäß seiner inneren Sonnenkraft zu lenken versteht, desto authentischer, glücklicher und weniger fremdbestimmt kann dieses Leben verlaufen. Ich bin erst 65 Jahre alt und stehe am Anfang der Lebensphase 11. Mit diesem Buch möchte ich vor allem der Gesellschaft etwas zurückgeben und jedem Mut machen, seine Lebenszeit bewusst zu gestalten. Denn für gute Gefühle im Leben sollten wir selbst sorgen.

Nutze deine Lebensphasen als Sprungbrett für positive Veränderungen und neue Chancen

Liebe Leserin, lieber Leser,

nun halte ich das fertige Manuskript in der Hand. Hätte ich mit dem heutigen Wissen, insbesondere durch mein Wissen aus der Kairoswissenschaft, dem Lebensphasenmodell, etwas anders gemacht?

Ich erkenne sehr deutlich, wie wichtig für mich die Lebensphasen 4, 5 und 6 waren (18 Jahre und 11 Monate bis 38 Jahre und 6 Monate). Ich habe mich mit zahlreichen inneren und äußeren Widerständen auseinander- und auch darüber hinweggesetzt, Werte und Traditionen, Normen und Regeln kritisch hinterfragt. Ich wurde von Menschen in meinem Umfeld abgelehnt, belächelt und angegriffen. Ich wurde mit Gewissensbissen als Konsequenz zahlreicher Entscheidungen geplagt. Heute weiß ich, wie wichtig diese Phasen waren. Denn in ihnen habe ich den Boden für meinen einzigartigen Weg und meine Vorstellung von Lebensqualität bis heute bereitet. Dankbar bin ich meinen Eltern für das enorme Urvertrauen, das ich durch sie und das Umfeld, in dem ich groß werden durfte, innehabe. Dieses Urvertrauen gab mir offensichtlich den Mut, so zu handeln, wie ich es tat – ohne das Wissen der Kairologie.

Die Kairologie mit dem Lebensphasenmodell zeigt Wahrscheinlichkeiten auf, die auf jeden warten, und fordert, diese zu nutzen. Denn jede Lebensphase bietet uns andere Möglichkeiten und Chancen. Je eher Sie sich mit Ihrer Persönlichkeit auseinandersetzen, sich verstehen, Ihre Stärken nutzen, Schwächen wahrnehmen und beachten, desto mehr Kraft werden Sie entwickeln, selbstbestimmt auch Ihren einzigartigen Lebensweg zu gestalten.

Und ich möchte noch einmal ausdrücklich darauf hinweisen: Es ist nie zu spät. Jede Lebensphase bietet uns die Möglichkeit, zu wachsen, uns weiter zu entfalten, durch Entwicklung unserer Vernunft – Selbstentfaltung, Resonanzentfaltung: Wer bin ich, wer will ich sein? Wie schwinge ich mit anderen? Wie gestalte ich mein Leben aktiv und mit eigener Kraft? Beim ersten Versuch, neue Verhaltensmuster zu etablieren, neigen viele dazu, aufzugeben, wenn es nicht gleich klappt. Es gibt die Zehn-sechs-vier-Regel[5]: Von zehn Versuchen scheitern sechs, jedoch vier gelingen. Es ist wie beim Aufbau von Muskeln: Wir werden niemals für den Anfang belohnt, sondern nur für das Durchhalten. Ein für mich wichtiges Modell, das ich mir in einem Workshop mit Prof. Dr. Rupert Lay (ich war 39 Jahre alt) zu Herzen genommen hatte, war das Pyramiden-Modell.[29] Als Dreieck malte er es auf ein Flipchart. Entscheidend ist für ihn, dass die Menschen begreifen, dass wir die Einheit von Rationalität, Emotionalität und Sozialität nötig haben. Denn nur darin und in ihrem Verständnis liegt Weisheit begründet, die davor schützt, von den Dingen, mit denen wir umgehen, nicht besessen zu werden, frei zu bleiben und zu werden für das Geschenk und die Kultivierung des Lebens. Das ist mitunter ein langer, manchmal harter Weg, der Gespräche, Übung und Selbststeuerung verlangt. Doch führt der Weg dorthin, wo Glück und Gutsein eins sind und zum Glück für andere wird.

Prof. Dr. Lay beschreibt mit diesem Dreieck den »perfekten Menschen«: Dieser sollte über eine Ausgewogenheit der drei Eigenschaften in der Sprache verfügen. Worte machen Gedanken sichtbar. Im Laufe unseres Lebens nimmt unsere Seele die Farben unserer Gedanken an. Im Moment scheinen die Farben der Seelen von zahlreichen Verantwortungsträgern in der Welt düster zu sein. Hoffentlich besinnen sie sich bald weltweit wieder auf dieses Wissen und nutzen es für kluge, weitreichende Entscheidungen.

Mich hat die Macht der Sprache immer fasziniert. Durch meine Neugier für Rhetorik habe ich meine Selbstentfaltung, meine Resonanzentfaltung und meine Lebensentfaltung weiterentwickelt und damit meine Persönlichkeit stabilisiert. Persönlichkeit lässt sich am effektivsten weiterentwickeln, indem wir unsere Sprache und Körpersprache ändern.

> *»Spreche,*
> *dass ich dich sehen kann.«*
> *Sokrates*

Die Kairologie beschreibt die drei Entfaltungsebenen (Selbstentfaltung – Wer will ich sein?; Resonanzentfaltung – Wie gehe ich mit mir und anderen um?; Lebensentfaltung – Wie gestalte ich mein Leben?) als Kreativzeit einer menschlichen Zeiteinheit. Sie ist unsichtbar und bestimmt dennoch den Wert unseres Lebens. Daher ist ein »in Beziehung sein zu sich selbst« und zu seiner Welt wesentlich. Die Kairologie beginnt mit der Tatsache, dass der Mensch natürliche Lebensrhythmen hat. Durch das Wissen der Kairologie hätte ich mein Leben wesentlich einfacher gestalten können. Viele Zweifel, Selbstzweifel und Ängste darüber, was andere von mir denken, wären deutlich geringer gewesen. Mein schlechtes Gewissen gegenüber anderen Menschen hätte vermutlich keinen oder zumindest weniger Raum in meinem Leben eingenommen.

Es gibt Phasen im Leben, in denen wir stärkere maskuline Energien und Schwingungen spüren, und Phasen, in denen die feminine Seite stärker ausgeprägt ist. Mit dem Wissen, das ich heute aus dem Lebensphasenmodell habe, hätte ich besonders in meinen Lebensphasen 7 und 8 – einer eher maskulin geprägten Zeit – mehr Raum für Rücksichtnahme und Einfühlungsvermögen gegenüber meiner Tochter Arabella schaffen wollen. In dieser maskulinen Phase drängt es uns oft dazu, uns beruflich voll zu entfalten, begleitet von einer starken Willenskraft. Doch je intensiver diese Energie, desto egozentrischer können unsere Handlungen werden. Im Rückblick hätte ich meine Zeit zwischen Beruf, Familie, Freunden und Bekannten anders aufgeteilt und meiner Tochter, mir selbst und meinen Mitmenschen mehr Aufmerksamkeit gewidmet.

Je mehr ein Mensch sich selbst versteht, desto besser wird er auch andere verstehen. Die Kairologie bietet zusätzlich wertvolle Impulse, auf sich und auf andere sowie auf eine bewusste Gestaltung des eigenen Lebens mit mehr Lebensqualität zu schauen.

Im Moment stehe ich noch ganz am Anfang meiner Lebensphase 11. Diese wird mit 71 Jahren und drei Monaten enden. Und es werden – wenn ich gesund bleibe und weiterleben darf – noch weitere Lebensphasen auf mich warten.

»Am Anfang jeder Tat steht die Idee.«[5] Wir werden nur mit anderen Menschen erfolgreich. Ich bin all jenen Menschen dankbar, die mir Türen geöffnet, an mich geglaubt und mir vertraut haben. Ich hatte das Glück, in eine friedliche Welt hineingeboren worden zu sein. Die Zeiten des Aufschwungs lagen vor mir. Die gesellschaftlichen, kulturellen und wirtschaftlichen Rahmenbedingungen erlaubten mir, mich zu entfalten und mein Leben zu gestalten. Als ich mich entschied, dieses Buch zu schreiben, dachte keiner in der Welt daran, dass wir heute Krieg in unserer Nachbarschaft erleben müssen. Die Auswirkungen bekommen mittlerweile alle gesellschaftlichen Schichten zu spüren. In Zeiten extremer Gewalt, des Krieges, der Unterdrückung und wirtschaftlicher Engpässe geht es für viele Menschen um das reine Überleben. Zukunftsängste breiten sich verstärkt aus und binden unsere Energien. Angst macht Angst – Mut macht Mut. Ich erachte es gerade jetzt für besonders wichtig, die Zeichen der Zeit wahrzunehmen und dennoch den Boden für die Zukunft im Rahmen der gegebenen Möglichkeiten vorzubereiten.

Ich wünsche uns allen baldigen Weltfrieden, globale Sensibilität für unseren Planeten, und dass damit auch unsere Kinder ihre Zukunft aktiv, frei und selbstbestimmt gestalten können.

Ich wünsche uns allen, dass unsere demokratischen Werte weiterhin Bestand haben werden. Damit wir auch weiterhin die Möglichkeiten und Chancen nutzen können, die sich dadurch bieten, und unser Leben auch in Zukunft bewusst selbstbestimmt gestalten können.

Ich wünsche mir, dass meine Gesundheit nach wie vor stabil sein wird, denn ich freue mich auf vertiefende Gespräche mit Ihnen – in Form von Onlinekursen, Vorträgen, wie auch immer. Ich freue mich auf die Kontakte mit Arabella, vielleicht sogar auf die eine oder andere Art von Zusammenarbeit, zu der mich Arabella einlädt. Vor allem auch auf Zeit zu zweit. Ich freue mich auf gemeinsame Zeit mit meinem Ehemann, mit mir wertvollen Freunden und Bekannten – ich freue mich auf meine Zukunft.

Interview mit dem Zukunftsforscher Matthias Horx

»*Wir leben in einer der friedlichsten Gesellschaften aller Zeiten*«
Matthias Horx

Die letzten beiden Jahre und insbesondere die aktuelle Weltsituation zeigen uns deutlich die Grenzen des Wachstums. Persönlich und wirtschaftlich. Das Wort »Zukunft« ist zurzeit in eine dunkle Wolke gehüllt. Wir alle haben Ängste und Bedenken. Und dennoch ist es wichtig, Zukunft aus heutiger Sicht möglich zu machen.

Ich hatte mich entschlossen, meine 30 Jahre Selbstständigkeit zum Anlass zu nehmen, und habe meine Geschäftsfreunde und Geschäftspartner zu einem ganz besonderen Kompetenztag mit der Überschrift »Zeitenwende – Zeitenwandel« eingeladen. Als Special Guest konnte ich Matthias Horx gewinnen.

Er gilt als einer der bedeutendsten Trendforscher, als Zukunftsoptimist und Visionär. In seinem Vortrag ging er unter anderem auf lineare Zukunftsfehler ein. Er griff das Thema Trends und Gegentrends auf und sensibilisierte uns alle für »the conversation of life: self, work, love«.[30]

Bereichert haben den Tag ebenfalls zwei wertvolle Impuls-Workshops meiner Trainerkollegen Dr. Albrecht Ebertzeder von der dta international mit dem Thema »Redesigning Work« und Marina Nedvidek-Sachs, Trainerkollegin aus der Kairos Gesellschaft, zum Thema »Mitarbeitende für die Zukunft entwickeln« auf der Basis des Lebensphasenmodells.

Talk for tomorrow »Zeitenwende – Zeitenwandel« im Showroom eines Geschäftspartners, Fulda. Talkrunde unter meinen Geschäftspartnern und Freunden: »Wie ist die Zeitenwende und der Zeitenwandel in der Praxis zu bewältigen«.
Bernd Loskant, Ressortleiter Politik/Nachrichten/Wirtschaft, Fuldaer Zeitung, moderierte die Veranstaltung

Dieser ganz besondere Kompetenztag mit den Themen Zuversicht, Hoffnung und Mut zur aktiven Zukunftsgestaltung war ein Dankeschön an all meine beruflichen Wegbegleiter, Wegbereiter und Geschäftsfreunde. »Und es war ein gelungener, inspirierender Tag«, so die Gäste. Herr Horx und ich haben uns in einem späteren Videogespräch erneut getroffen und uns intensiv zu den gravierenden Zeitgeist-Herausforderungen ausgetauscht.

Auf ihn traf ich bereits vor 30 Jahren bei einem meiner Mentoren, Nikolaus B. Enkelmann, in Königstein. Er hatte kurz zuvor sein Zukunftsinstitut in Frankfurt gegründet. Bereits damals ging es bei seinem Vortrag um Zukunft und Veränderungsbereitschaft. Seinen Vergleich mit den Dodos übernahm ich lange Zeit in meine Arbeit mit Menschen und Unternehmen: Der Dodo, auch Dronte genannt, war ein etwa ein Meter großer, flugunfähiger Vogel, der ausschließlich auf der Insel Mauritius im Indischen Ozean vorkam. Weshalb sind die Dodos ausgestorben? Weil bei ihnen all das zutraf, was Zukunft verhinderte und ein Weiterleben unmöglich machte, so Matthias Horx seinerzeit.

> **Dodos:**
> - *lebten auf einem eng begrenzten Lebensraum,*
> - *verfügten über eine limitierte Lernkurve,*
> - *verfügten über eingefahrene Verhaltensweisen.*

In einem Gespräch kurz vor meiner Veranstaltung haben wir beide darüber philosophiert, dass wir das so heute nicht mehr sagen sollten, denn es ist ökologisch und kulturell nicht zeitgemäß; man sagt nicht mehr: »Die waren zu doof, um zu überleben.«

ORTRUD TORNOW: Herr Horx, seit 30 Jahren zeigen Sie mit Ihrem wissenschaftlichen Blick auf, wie Zukunft und Veränderung unabdingbar zusammenhängen und wie aktive Zukunftsgestaltung aussehen kann. Gibt es spezielle Zielgruppen?

MATTHIAS HORX: Nein, Zielgruppen eben nicht, die Zukunft ist ja für alle Menschen da. Ich versuche, dieses unklare Genre der Zukunftsforschung weiterzuentwickeln, hin zu einer populären Wissenschaft, mit der jeder persönlich etwas anfangen kann. Das hat deutliche Unterschiede, auch zu klassischem Consulting. Das werden Sie in Ihrer Arbeit ja auch erleben, dass man im Grunde genommen nicht dann gut ist, wenn man etwas sehr Spezielles vertritt, eine bestimmte Methode allein, sondern wenn man die Dinge in einen größeren Rahmen, einen höheren Sinn setzt. Und wenn man auf die Kunden, mit denen man arbeitet, auch persönlich eingeht.

ORTRUD TORNOW: Das ist auch mein Ansatz. Gestern hatte ich ein Führungskräftetreffen, da wurde deutlich, dass die Mitarbeiter Wertschätzung und Bindung vermissen. Wie kann man Mitarbeiter binden und wie können wir Veränderungsprozesse planen?

MATTHIAS HORX: Wie kann man Menschen zum Wandel bewegen? Das ist ja die Gretchenfrage unserer Zeit, aber da verbergen sich Stolperfallen. Vielleicht kann man solche Prozesse gar nicht »planen«, weil die Antwort auf einer anderen Ebene liegt. Wenn in einem Unternehmen Bindung und Wertschätzung nicht funktionieren, liegt das vielleicht in der Seele des Unternehmens, im mangelnden »Purpose«. Unternehmen sind ja lebendige Organismen, die eine Aura, in gewisser Weise eine »Psyche« haben, und wenn die krank ist, kann man sich noch so sehr bemühen – es laufen einem die Leute davon. Es geht ja um Sinn. Um Zukunfts-Sinn.

Es gibt inzwischen eine ganze Branche, die versucht, Menschen zu »motivieren«, meistens mit vielen Parolen und Gebrüll und Versprechungen, dass man, wenn man nur will, reich und schön wird. Aber das ist ja meistens Pseudomotivation, Hype, Versprechen, die nicht eingelöst werden können. Das ganze Thema der Veränderung hat auch etwas Paradoxes: Wenn man Mitarbeiter »binden« will, muss man ihnen gerade Freiheiten lassen, aber sie in diesen Freiheiten mit SINN unterstützen. Wenn man zu sehr auf die Pauke haut und Veränderung sozusagen als ZWANG präsentiert, geht das nach hinten los. Veränderung braucht Vertrauen, in sich selbst, aber auch in das Unternehmen. Auch in meiner Branche wird dabei oft zu viel des Guten versucht: Es gibt Zukunftsforscher, die die Zukunft sozusagen herbeibrüllen wollen, die schlagen auf die Leute immer mit Veränderungsideologien ein. DU MUSST! Du musst ständig innovativ sein! Du musst alles Digitale bewundern und erlernen! Du musst nur noch in Projekten und Vernetzungen arbeiten! Du musst rund um die Uhr dazulernen. Aber damit kommt man nicht weiter. Man kann die Frage der Veränderung nur als Beziehungsfrage sehen, aus der menschlichen Ganzheitlichkeit. Veränderung als etwas Menschliches, Wunderbares darzustellen, es aber auch von reiner Leistungssteigerung, »Performance«, abzugrenzen, ist, glaube ich, die Aufgabe von Wandlungsagenten. Das ist sicherlich unser gemeinsamer Beruf: Wir sind Wandlungsagenten.

ORTRUD TORNOW: Sie sprechen mir aus der Seele. Wenn ich mit Menschen arbeite, einen Auftrag bekomme, dann schaue ich immer nach den nicht ausgeschöpften Potenzialen. Und wenn die geweckt sind, wenn die Leute dann hungrig werden, dann helfe ich gerne weiter. Aber ich mag auch nicht – und deswegen bin ich auch nie Speakerin in dem Maße geworden –, dass ich »Tschakka« rufe.

Sie sprechen von den 12 Megatrends, die es gibt. Da ist zum Beispiel der Megatrend Wissenskultur, für Sie ein ganz wichtiger Punkt. Und mein Ansatz ist ja immer: Welchen geistigen Horizont eigne ich mir an, um die Dinge heute zu begreifen? Sie sprechen von Wandel. Ich begleite gerne den Wandel. Aber ich finde, ein Stück neues Wissen aufzubauen, neue Dinge zu sehen, ist auch ein wichtiger Bildungsprozess, der stattfinden muss – in allen Bereichen. Und wenn das angelegt wird, können wir neu denken.

MATTHIAS HORX: Ja, das wäre schön. Allerdings ist der Wissensbegriff derzeit stark unter Druck geraten. Durch künstliche Intelligenz zum Beispiel. Ich erlebe reihenweise Leute, gerade im Management, die möchten Wissensfragen jetzt gerne an künstliche Intelligenz delegieren. Also wenn wir nicht mehr weiterwissen, fragen wir die künstliche Intelligenz, die irrt sich ja nie. Was ein Irrtum! Man kann Erfahrungswissen nicht einfach abschaffen oder durch Maschinen »überschreiben«. Wissen kommt auch aus dem Körper, der Seele, es setzt voraus, dass wir unseren Geist erweitern wollen. Wenn KI nützlich sein soll, müssen wir ihr auch kluge Fragen stellen oder Aufträge geben, »Wissen« wird ja gerne immer noch als etwas Statisches gesehen, das man speichern, abrufen und »konsumieren« kann. Aber Wissen ist ja in Wirklichkeit Ausdruck und Ergebnis eines lebendigen Welt-Ich-Prozesses. Viele Menschen sind heute so verunsichert, dass sie sich nur noch auf ihre Angst zurückziehen. Angst vor Veränderung wird zum Verhinderer von Wandel. Wir halluzinieren uns dann in Hysterien hinein und die Medien verstärken das noch.

ORTRUD TORNOW: Sie haben eben ein Stichwort gesagt, Herr Horx: Angst. Ich habe das Gefühl, dass momentan die Angst einen großen Raum einnimmt. Ich selbst bin eher realistischer Optimist und bin immer ein bisschen forsch, auch was meine Zukunftsgestaltung angeht, meinen Weg. Aber ich erlebe oft, dass Angst Menschen das Leben schwer macht. Denn Angst hat eine eigene Logik. Und wie schaffen wir Sorglosen es, mit der Logik der Angst der anderen umzugehen? Ich habe das Gefühl, dass die Furchtsamen zu Helden werden und die Furchtlosen werden zu Verrätern. Ich habe das auch zu spüren bekommen, weil ich aus der CDU ausgetreten bin – ich bin kritisch, sage etwas Kritisches und das eckt an und irgendwie wird man eliminiert. Wie geht es Ihnen bei diesem Thema?

MATTHIAS HORX: Man darf nicht gegen die Angst argumentieren, auch nicht innerlich dagegen argumentieren. Angst ist ein natürlicher Prozess, eine Gabe des Instinkts, der uns vor möglichen Gefahren warnt. Menschen haben das Angstgefühl eben evolutionär über vier Millionen Jahre intensiv entwickelt, weil Angst uns das Überleben ermöglicht. Diejenigen unserer Vorfahren, die angstlos waren, sind ausgestorben. Allerdings hat Angst als evolutionären Sinn ja die Aktivierung: Sie soll uns wach machen, damit wir ins Handeln kommen. Das war früher die Alternative flüchten oder kämpfen, heute gibt es eben noch ganz andere Möglichkeiten. In der modernen Welt lautet der Entscheidungspfad: sich einlassen oder dagegen sein. Das ist die eigentliche Odyssee, die wir alle als Individuen, als Gesellschaften durchzumachen haben: dass wir durch die Angst hindurchgehen und auf der anderen Seite gestärkt dabei wieder herauskommen; das Denken von den Lösungen aus. Als Zukunftsforscher sehe ich es als meine Aufgabe, den Möglichkeitsraum zu öffnen, Zukunft als Möglichkeit und Wahrscheinlichkeit erfahrbar zu machen. Und damit die Angsttür, an der wir uns den Kopf einrennen, aufzustoßen.

ORTRUD TORNOW: Durch Angst wird eine ganze Gesellschaft praktisch gelähmt.

MATTHIAS HORX: Dazu muss man wissen: In einer hypermedialen Kultur, wie der, in der wir seit dem Internet leben, ist Angst ein Asset. Damit kann man viel Geld verdienen. Die Medien stehen in einer extremen Konkurrenz um Aufmerksamkeitsgewinnung. Deshalb überbieten sie sich mit Horror, mit apokalyptischen Übertreibungen, mit hysterischen Gefahrensbeschwörungen. Wir leben in einer hysterischen Zeit.

Ich mache bei meinen Vorträgen oft einen Test mit dem Publikum, den »Reality Check«-Test: Wie schlimm sieht es wirklich aus mit der Erde, den Menschen, der Zukunft. Wird alles wirklich immer schlimmer? Wird die Bevölkerungsexplosion die Erde vernichten? Gibt es tatsächlich immer mehr Armut? Geht die Natur komplett kaputt? Viele glauben, dass wir kurz vor dem Untergang stehen, dass alles immer schlimmer wird. Ich habe eine Frage als Beispiel: Wie viele Morde gibt es jedes Jahr in der Bundesrepublik? Deutschland hat 82 bis 83 Millionen Einwohner. Was würden Sie sagen?

ORTRUD TORNOW: Also ich sag jetzt mal einfach eine Zahl – 10.000?

MATTHIAS HORX: Sehen Sie, das ist die Wahrnehmung des Medialen. In unseren Medienkanälen laufen rund um die Uhr Krimis, Mordgeschichten, die immer brutaler, epidemischer, schrecklicher werden. Die Antwort: Es sind 245.

ORTRUD TORNOW: Nein!

MATTHIAS HORX: Ja, und es gibt noch mal 1.000 Totschläge, also Tötungen, die im Affekt, oft auch in der Familie passieren. Die Zahlen gehen seit Jahrzehnten zurück, selbst in den waffenstarrenden USA. 10.000 Morde wären unfassbar viel! Wir leben immer noch in einer der friedlichsten Gesellschaften aller Zeiten, selbst der Ukrainekrieg verändert die totale Anzahl Todesopfer auf dem Planeten nur wenig. Das klingt jetzt zynisch, aber es ist wichtig, die Relationen zu sehen, das ganze Bild: Vieles wird, obwohl wir uns in einem Super-Krisenmodus befinden, immer noch besser, langsam, aber trotzdem. Wenn Sie das Ganze sehen, sehen Sie die Zukunft ganz anders.

Wenn wir immer nur auf das starren, was schlimm ist, verstärken wir über kurz oder lang das Schlimme durch Hoffnungslosigkeit.

ORTRUD TORNOW: Das sind jetzt Momente, in denen ich als Coachin und Trainerin von Ihnen richtig profitiere und mir sage: Das kann ich weitergeben, dieses Beispiel zeigt es doch. Auch die Angst, die von außen suggeriert wird, die Psychologie der Massen, die massiv betrieben wird, die uns lähmt. Wie geht man damit um? Ich finde es wichtig, diese konkreten weiteren Fakten zu kennen.

MATTHIAS HORX: Hans Rosling, der vor zehn Jahren ein weltweites Datensystem zu den großen Trends in der menschlichen Geschichte entwickelte, sagte: »Ich bin kein Optimist, ich bin kein Pessimist, sondern ich bin ›Possibilist‹.«[31] Ich glaube an Möglichkeiten, und Möglichkeiten kann man sichtbar machen. Alle Grunddaten der Menschheit gehen eigentlich in den richtigen Bereich, aber wir haben alle das Weltbild, dass es kurz vor 12 ist und alles keinen Zweck mehr hat. Dabei haben unsere Vorfahren ganz andere Schrecken durchlebt in der Vergangenheit.

ORTRUD TORNOW: Zu dieser Einstellung gehört auch ein Ur- und Grundvertrauen in sich selbst, aber auch auf einer anderen Ebene zu sein, dass ich nicht mehr bei mir bin, sondern auch mit anderen Umständen anders umgehen kann, loslassen kann mit weniger, egal, was kommt. Sich auf ein Leben einzustellen, auf das Ungewisse, was kommt, das ist eine Herausforderung, mit der die wenigsten Menschen konstruktiv umgehen können, weil die meisten Menschen sich auf ihr eigenes Ich konzentrieren.

MATTHIAS HORX: In der Tat leben wir in Zeiten eines allgemeinen Jammer-Egoismus. Andererseits ist der Mensch auch ein Zukunftswesen. Wir haben diese Fähigkeit zur Vorausschau, unser Hirn ist von der Evolution dazu geprägt, vorauszuschauen. Diesen Blick zu öffnen, zu weiten, ist die wichtigste Kulturtechnik der Zukunft. Wir brauchen so etwas wie visionäre Kompetenz, und die kann man trainieren.

ORTRUD TORNOW: Vielen Menschen, die ich frage, wie sie sich die Zukunft vorstellen, fällt oft nichts ein; sie haben keine Selbstentwicklungsfähigkeit.

MATTHIAS HORX: Aber die haben die Menschen an sich schon, sie ist nur verkümmert.

ORTRUD TORNOW: Das sind die nicht ausgeschöpften Potenziale, an denen ich gerne arbeite. Da merke ich auch, egal, wo ich hingehe: Wenn es mir gelingt, den Kontakt anzutriggern, dann funktioniert das auch, weil heute jeder über sinnvolles Arbeiten spricht. Ich merke immer wieder: Viele Menschen haben sich noch nie damit beschäftigt.

MATTHIAS HORX: Das ist in der Tat recht neu, sich mit dem Sinn der Arbeit, nicht nur ihrem Zweck für den Lebenserhalt zu beschäftigen. Die Industriegesellschaft hat uns ja in ein sehr enges Konzept der Lohnabhängigkeit eingesperrt. Wir arbeiten nur für Geld, für Stundenlohn, weil wir müssen. Aber das ist ja noch nicht mal ein halbes Leben, und die jüngere Generation hat das inzwischen begriffen. Die Arbeitswelt bricht auf in Sinnsuche, und das kann auch sehr produktiv sein. Arbeit kann und muss aber auch Schöpfung, Verwirklichung sein, und die Technologie befreit uns von immer mehr körperlichen und demnächst auch geistigen Routinen. Aber auch das wird ja gerne als Krise gesehen; »die Jüngeren wollen nicht mehr leisten!« Von wegen. Sie wollen nur anders leisten.

ORTRUD TORNOW: Ja, da sind wir uns einig! Mich hat ein Buch sehr inspiriert, von Prof. Dr. Rupert Lay: »Charakter ist (k)ein Handicap«[32]. Charakterprägung, Bildung, Schule sind dabei wichtige Begriffe. Was raten Sie Menschen, um ihre Persönlichkeit zu formen?

MATTHIAS HORX: Kann man Persönlichkeit formen?

ORTRUD TORNOW: Entwickeln.

MATTHIAS HORX: Entwickeln ist, glaube ich, das bessere Wort. Als universale Menschen, Säugetiere immer noch, sind wir eben in der Lage, uns zu differenzieren, uns in einem Dialog mit der Welt zu entwickeln, zu verfeinern. Menschen sind glücklich, wenn sie frei sind, wenn sie selbst wirksame Entscheidungen treffen können – wenn sie zumindest Teile ihres Schicksals selbst entscheiden können. Dieser Freiheitsgedanke ist der eigentliche Fortschrittsgedanke – allerdings ist er derzeit wieder in Gefahr. Man hat das Gefühl, viele suchen wieder nach der Unterordnung – sie weigern sich, Selbstverantwortung und Zukunftsverantwortung zu übernehmen.

ORTRUD TORNOW: Ich mache die Feststellung, Menschen brauchen auch ein bisschen Handwerkszeug, müssen etwas Begreifbares haben. So bin ich auch auf die Kairologie gestoßen. Hier gibt es das praktische Modell der Lebensphasen. Alle Lebensphasen sind spannend und bieten Wissen um Energien, die genutzt werden sollten. Diesen Ansatz erachte ich als wertvoll für alle Menschen – alle Generationen.

MATTHIAS HORX: Kairologie ist im Grunde genommen auch eine Art Tool für die Zukunftsforschung auf der Individualebene. Man kann es auch Entwicklungspsychologie nennen, nach Piaget[33]. Wir Zukunftsforscher haben eine bestimmte Übung entwickelt, die dabei helfen kann, eine Art Zeitreise: »Contact your future me« – wie wirst du in zehn oder 20 Jahren aussehen, dich fühlen, dich »konfigurieren«? Wir nennen das auch die »Re-Gnose«. Nicht Pro-Gnose, sondern RE-Gnose: Wir springen im Geiste in die Zukunft und schauen von dort auf unser heutiges Ich. Dadurch entsteht eine Art Zukunftsenergie, die uns verwandeln kann.

ORTRUD TORNOW: Hat das etwas mit unserer Lebensweisheit, mit unserem Alter zu tun, wie wir denken? Wie weise wir sind?

MATTHIAS HORX: Nicht nur. Es gibt auch weise junge Menschen und sehr viele sehr infantile Ältere, und dabei meine ich nicht Alzheimer. Die Welt konstruiert sich nicht von der Weisheit her, sondern auch durch unseren Umgang mit dem Gescheiterten. Unsere Niederlagen sind ja das Potenzial zur Erkenntnis. Scheitern können ist ungeheuer wichtig. Ich liebe den Begriff »Ent-täuschung«, wenn man ihn mit Bindestrich schreibt. Wenn man sich ent-täuscht, hört man auf, sich Illusionen zu machen, und dann entsteht die Erfahrung von Wahrheit. Und Wahrheit macht immer frei, weil man wirklich sieht, wie die Dinge sind. Und in dem Moment kann man sie erst annehmen. Vorher kleistert man irgendeine Vorstellung, eine »Ideologie« darüber.

ORTRUD TORNOW: Ja, das stimmt. Stichwort Optimismus, Zukunftsoptimismus. Ich würde mich rückblickend auch jetzt als realistische Optimistin sehen, weil ich meinen Blick vor allem auf die positiven Dinge lenke, auf das Machbare und auf die Möglichkeiten.

MATTHIAS HORX: Ich bin mit dem Optimismus-Begriff nicht immer glücklich. Diese Polarisierung zwischen Optimismus und Pessimismus finde ich falsch, das sind Gefühlszustände, die alle reduktionistisch sind und auf einen »-ismus« hinauslaufen. Ich finde den Begriff der Zuversicht besser. In der Zuversicht leugne ich das Schwierige, das Schlimme nicht, habe aber Vertrauen, dass ich auch im Schwierigen einen Weg finde. Es ist eine Art Zukunftsvertrauen, auf meine innere Wirksamkeit gerichtet.

ORTRUD TORNOW: Die Wirklichkeit gilt es zu akzeptieren und die Augen nicht vor der Realität zu verschließen. Sie sagten in unserem ersten Zusammentreffen: Je mehr Krisen und Schwierigkeiten ein Mensch in seinem Leben bewältigt hat, umso leichter wird seine Zukunft werden. An dieser Stelle schon mal ein dickes Dankeschön! Welche Wünsche haben Sie für die Zukunft?

MATTHIAS HORX: Dass wir alle unseren Horizont weiten, uns aus den regressiven und naiven Denkmustern befreien. Dass wir die Angst nicht überwinden, aber anerkennen und zähmen können. Ich glaube, wir sind einfach Teil eines gewaltigen Evolutionsprozesses, der durch Katastrophen und Scheitern und sonst etwas geht und immer gegangen ist. Aber der natürlich einen tieferen Sinn hat, nämlich die Entwicklung von Geist und Komplexität, von Differenzierung der Welt. Wir sind, als Menschheit, das große Experiment des Universums, und wenn man so will, bin ich damit wunschlos glücklich.

ORTRUD TORNOW: Während Sie gesprochen haben, habe ich so manchmal gehört, wie mein Vater sagte: »Ich schäme mich für das, was du machst.« Er konnte mit meinem Tun nichts anfangen. Das sind Sätze, die prägen.

MATTHIAS HORX: Auch Scham ist ja eine Emotion, die uns eine Botschaft schicken will. Aber in diesem Fall handelt es sich um eine Be-Schämung Ihres Vaters, die sie sich nicht zu eigen machen müssen. Er hatte halt eine bestimme Vorstellung von dem, was »normal« zu sein hat. Sie haben dagegen mit Ihrer Person ein Neues Normal geschaffen. Und das ist wunderbar.

ORTRUD TORNOW: Meine bisherigen Lebenserinnerungen mit diesem Gespräch abzurunden ist ein wunderbares Geschenk. Vielen lieben Dank dafür.

Liebe Leserinnen, liebe Leser,

am Ende dieses Buches möchte ich einen Gedanken mit Ihnen teilen, der mir sehr am Herzen liegt. Unsere Zukunft birgt neue unzählige Möglichkeiten und Herausforderungen; es liegt an uns, mit Mut, Tatkraft und Zuversicht diese Chancen zu ergreifen und zu nutzen.

Jede Lebensphase, sei sie noch so schwierig oder unsicher, kann ein Sprungbrett zu etwas Neuem und Besserem sein. Wir sollten jede Erfahrung als Chance betrachten, zu wachsen und uns weiterzuentwickeln. Ich hoffe, dass dieses Buch Ihnen Inspiration und Ermutigung gegeben hat, Ihre eigenen Wege zu gehen und Ihre Träume zu verfolgen. Gestalten Sie die Zukunft mit dem festen Glauben daran, dass jede Herausforderung eine versteckte Gelegenheit in sich trägt.

Vielen Dank für Ihre Aufmerksamkeit und alles Gute für Ihre zukünftigen Abenteuer!

Dankeswort

Durch meine 30 Jahre in der Trainings- und Coachingbranche dachte ich, es ist ein Leichtes, nun ein Buch zu schreiben. Ich hatte großes Glück, brillanten Menschen zu begegnen, die mich auf dieser Reise begleitet und unterstützt haben. Am Ende dieses Buches möchte ich all diesen Menschen meinen Dank aussprechen.

Er gilt besonders den großartigen Menschen im Verlag, die mit ihrem Engagement und ihrer Expertise maßgeblich zum Gelingen dieses Werkes beigetragen haben. Ihre Unterstützung und Professionalität waren von unschätzbarem Wert.

Meiner Familie, insbesondere meinem verständnisvollen Mann und meiner geliebten Tochter, danke ich von Herzen. Eure Liebe, Geduld und Unterstützung haben mich stets motiviert und inspiriert.

Ein besonderer Dank geht auch an die talentierte Journalistin, die mich von Anfang an mit ihrem Know-how begleitet hat.

Ganz herzlich bedanke ich mich bei meinen Kollegen und Kolleginnen, die immer ein offenes Ohr für mich hatten. Eure Unterstützung und euer Zuspruch waren in vielen Momenten von großer Bedeutung.

Gedanken von meiner Tochter Arabella: Das Buch, ein Puzzleteil auf dem Lebensweg

»Du kannst vielleicht die Realität nicht ändern, wohl aber deine Einstellung zu ihr. Und das wiederum verändert – paradoxerweise – die Realität.«
Margaret Atwood[34]

Als ich das Manuskript des Buches meiner Mutter zum ersten Mal las, wurde mir bewusst, wie heilsam es ist, das eigene Leben und die darin getroffenen Entscheidungen mithilfe des Wissens über das Lebensphasenmodell zu betrachten. Wir alle sind auf dem Weg der Selbstentfaltung und auf der Suche nach einem besseren Selbstverständnis. Wir alle haben in unserem Leben Erfahrungen gemacht, die uns geprägt haben, und wir alle werden weitere Erfahrungen machen, die uns weiter gestalten werden. Aus diesem Grund ist es hilfreich, einen kraftvollen und weisen Wegbegleiter an der Seite zu haben, der uns in Zeiten der inneren und äußeren Transformation mit Antworten unterstützt. Besonders hilfreich ist es, wenn die Antworten mit persönlichen Erfahrungen einhergehen, die uns daran erinnern, dass wir uns eigentlich gar nicht so sehr voneinander unterscheiden.

Als Tochter und Unternehmerin hilft mir das Wissen der Kairologie sehr, denn ich lerne nicht nur mich selbst, meinen Hintergrund, meine Stärken und Schwächen besser kennen, sondern weiß auch, wann es Zeit ist zu handeln oder wann es Zeit ist, die Dinge mit Geduld und Vertrauen fließen zu lassen. Natürlich haben mich die Zeilen meiner Mutter auch emotional sehr berührt, und es kam auch durch viele offene und heilende Gespräche, innere und äußere Auseinandersetzungen zustande. Daher erinnere ich mich gern an meine Kindheit, vor allem an die Zeit, bevor ich zur Schule ging und sozialisiert wurde. In meinen Augen hatte ich alles, was ich brauchte, um mich wohl und beschützt zu fühlen. Obwohl ich ohne leiblichen Vater aufgewachsen bin, gab es Roland, der mir beibrachte, wie man auf Bäume klettert und taucht. Meine

Großeltern waren auch nicht da, aber dafür hatte ich Frau Kaiser und Opa Georg. Erst als ich in die Grundschule kam, bemerkte ich, dass die Art, wie ich war und lebte, nicht wirklich der Norm entsprach. Da begann das Leben aufregend zu werden, ich wurde mit gesellschaftlichen und generationenübergreifenden Programmen, Normen und Werten konfrontiert und lud sie auf meine Festplatte.

Zudem habe ich meiner Mutter als Teenager oft vorgeworfen, keine richtige Mutter zu sein, weil sie so viel arbeitete, oft gereizt und erschöpft von der Arbeit nach Hause kam und dann kaum die Energie und Ruhe hatte, viel Zeit mit mir zu verbringen. Wie alle alleinerziehenden Mütter oder Väter musste meine Mutter zwei Rollen übernehmen, und ohne Übung ist es nicht leicht, nach einem stressigen und sehr männlich dominierten Arbeitstag in die sanfte und liebevolle weibliche Energie zu schlüpfen. Meine Mutter folgte ihrer Berufung und tat ihr Bestes in ihrer Rolle als Mutter, und trotzdem gab es Zeiten, in denen ich mich von ihr abgelehnt und verlassen fühlte. Lange Zeit wollte ich mir das nicht eingestehen, denn im Vergleich zu anderen Kindern hatte ich immer eine Beziehung zu ihr und konnte mit ihr über Probleme sprechen, die meine Freunde vor ihren Eltern verbargen. Aber mir wurde auch klar, dass manche Dinge Wunden hinterlassen, die nicht verheilen, wenn ich sie nicht betrachte. Und genau deshalb bin ich sehr stolz auf meine Erziehung, denn sie hat mir gezeigt, dass es immer einen Weg zurück zueinander gibt, wenn beide Menschen es wirklich wollen. Wenn wir dann noch die nötige Einstellung kultivieren und die richtigen Werkzeuge einsetzen, um einander mit gegenseitigem Verständnis, Liebe und Akzeptanz zu begegnen – dann kann echtes Wachstum stattfinden. Und ist es nicht das, was wir uns alle wünschen?

Ich jedenfalls wünsche Ihnen, dass dieses Buch Ihnen ein Puzzleteil auf Ihren Weg mitgibt, das Ihnen hilft, Ihr Leben mit mehr Leichtigkeit, Kraft, Toleranz, Liebe und Selbstvertrauen zu gestalten.

Über die Autorin

Ortrud Tornow ist seit über 30 Jahren als Life- und Business-Coach und Beraterin im Bereich der Unternehmens- und Persönlichkeitsentwicklung tätig. Bis zum heutigen Tag begleitet sie zahlreiche Konzerne, mittelständische Unternehmen und Einzelpersonen.

Ihr Handeln ist geprägt von der Überzeugung, dass Menschen durch sinnhafte Impulse den Mut entwickeln können, ihrem Leben mehr Lebensqualität zu verleihen – sei es im Umgang mit sich selbst, im Umgang mit Aufgaben oder mit anderen.

Ihre Credos:
- Arbeite genialer statt fleißiger, weil du dein volles Potenzial ausschöpfen kannst.
- Lebe zielgerichteter und noch leichter, indem du dich noch besser begreifst!

Mit entwaffnender Ehrlichkeit und in lockerem Stil schreibt die Unternehmerin über eigene Erfahrungen, Rückschläge und Erfolge. Die jeweils nachfolgende Reflexion zeigt Wege aus scheinbaren Sackgassen auf.

Ortrud Tornow wuchs in einer Familie mit eigenem Handwerksunternehmen auf. Als gelernte Bankkauffrau und Bankbetriebswirtin agierte sie ca. zehn Jahre im Marketingbereich einer Sparkasse. Bereits damals begeisterte sie sich für die Entwicklung und Sensibilisierung von Menschen, seinerzeit noch im Rahmen der Themen Finanzen und Sicherheit. Sie entwickelte Strategien und Konzepte sowohl für den Jugend- als auch für den Seniorenmarkt.

Sie interessierte sich sehr für das Ausschöpfen ihrer eigenen Potenziale und erkannte, was alles möglich ist. Ihr Wissensdurst war sehr groß. Sie bildete sich parallel auf dem Gebiet der Persönlichkeitsentwicklung und Entfaltung sowie in der wirkungsvollen Kommunikation weiter.

Bereits mit 28 Jahren konzipierte und führte sie Seminare für die Sparkassenakademie in Eppstein durch. „Sicher und souverän in der Arbeitswelt" war eines der ersten Workshopthemen, die immer gut besucht waren. Nichtfachliche Themen waren seinerzeit nicht en vogue. Weibliche Trainerinnen waren zudem extrem selten.

Nach der Geburt ihrer Tochter kündigte sie beim Kreditinstitut und machte sich selbstständig. Heute ist Ortrud Tornow eine leidenschaftliche Vertreterin der humanistischen Psychologie, da diese das Gesamtbild des Menschen in die Forschung einschließt. Anders als in der Psychoanalyse oder im Behaviorismus wird nicht nur ein Teil des Menschen wie seine Vergangenheit oder seine Reizreaktion als Ursache für sein Handeln betrachtet, sondern der gesamte Mensch und dessen Umfeld.

Sie achtet darauf, dass individuelle, aktuelle Bedürfnisse, Umwelteinflüsse oder soziale Strukturen in die Sichtweise mit einfließen.

Ortrud Tornow gefällt die Grundannahme der humanistischen Psychologie, die besagt, dass jeder Mensch nach Selbstverwirklichung strebt und nur der Mensch in der Lage ist, sein Verhalten bewusst zu steuern und zu beeinflussen.

Seelische oder körperliche Probleme entstehen laut humanistischer Psychologie immer dann, wenn das Potenzial bzw. das ziel- oder ergebnisorientierte Handeln gestört werden. Diese Erkenntnis basiert auf einer langjährigen intensiven Begleitung von und in Zusammenarbeit mit Menschen.

2012 studierte Ortrud Tornow Kairoswissenschaft. Diese Wissenschaft gibt Aufschluss über die Potenziale, die ein Mensch mit in sein Leben bringt, sowie über die Dynamik im Leben eines Menschen und die unterschiedlichen Energien in den jeweiligen Lebensphasen. Das Lebensphasenmodell bildet gleichzeitig den roten Faden in ihrem Ratgeber und wird weitere wertvolle Impulse geben.

Das Leben bietet uns allen wesentlich mehr Möglichkeiten und Chancen, als wir zu nutzen wagen. Das gilt beruflich wie auch privat.

Während ihrer nun mehr als 30-jährigen Berufserfahrung hat Ortrud Tornow mit zahlreichen Methoden und Techniken sowie unterschiedlichen Ansätzen gearbeitet. In diesem Buch beschreibt sie einige der wertvollsten und wichtigsten Tools.

Sie agiert mutig, menschlich und markant.

Quellenverzeichnis

[1] Hofmann, Dr. Karl (2010): Kairos – Navigator der menschlichen Zeit, Hernoul-le-Fin Verlag, Augsburg.

[2] English, Fanita (1979): Transaktionsanalyse: Gefühle und Ersatzgefühle in Beziehungen, iskopress, Salzhausen.

[3] Festinger, Leon (1945): A Theory of Social Comparison Processes, in: Human Relations, Nr. 7, S. 117–140.

[4] Enkelmann, Nikolaus B. (1998): Die Formel des Erfolgs, mvg-verlag, Landsberg am Lech.

[5] Luft, Joseph/ Ingham, Harry (1955): The Johari window, a graphic model of interpersonal awareness, in: Proceedings of the western training laboratory in group developement, UCLA, Los Angeles.

[6] Bettger, Frank/ Carnegie, Dale/ Steiger, Ernst (1985): Lebe begeistert und gewinne, Oesch Verlag, Zürich.

[7] Howard, Alan (1989): The Cambridge Diet, Jonathan Cape Ltd, London.

[8] Maltz, Maxwell (1960): Psycho-Cybernetics, Simon & Schuster LLC, New York.

[9] Rubin, Harriet/ Dahmann, Susanne (2000): Machiavelli für Frauen – Strategie und Taktik im Kampf der Geschlechter, Fischer Taschenbuch, Frankfurt am Main.

[10] Murphy, Dr. Joseph (1965): Die Macht Ihres Unterbewusstseins, Ariston, Genf.

[11] Freitag, Erhard F. (1990): Glücklichsein, Edition Kraftpunkt, Augsburg.

[12] Wegener, Bettina (1979): Sind so kleine Hände, Label: Teldec, https://www.youtube.com/watch?v=fcdkwdfz0GA, letzter Aufruf 29.07.2024.

[13] Cosmopolitan (1996): Marquard Media Group, Hamburg.

[14] Merten, Roland (1997): Mercuri International Deutschland GmbH, Verkaufs- und Entwicklungspsychologie, München.

[15] Hamann, Dr. Angelika (1998): Train the Trainer, Coaching für Führungskräfte, in Jahrbuch Verkaufstraining 98/99, Gabler Verlag, Wiesbaden.

[16] Sieber, Hannes (2005): Kontakt, Kommunikation, Soziale Kompetenz. Der SIZE-Success-Reader, Sieber Dialog – SIZE Success, Biessenhofen.

[17] Berne, Eric (1961): übersetzt von Ulrike Müller (2001), Die Transaktionsanalyse, Junfermann, Paderborn.

[18] Hausner, Markus (2009): DISG Persönlichkeitsmodell, Persolog GmbH, Remchingen.

[19] von Cube, Prof. Dr. Felix (1997): Lust an Leistung, Piper Taschenbuch, München.

[20] Coelho, Paulo (1996): Der Alchimist, Diogenes, Zürich.

[21] Kerkeling, Hape (2006): Ich bin dann mal weg, Malik Verlag, München.

[22] Hofmann, Dr. Karl/ Sieg, Manfred (2018): Mensch 5.0., Books on Demand, Norderstedt.

[23] Csíkszentmihályi, Mihály (1995): Flow. Das Geheimnis des Glücks. 4. Auflage. Klett-Cotta, Stuttgart.

[24] Hofmann, Dr. Karl (1993): Eine katholische Generation zwischen Kirche und Welt. Studie, Diss. 1992.

[25] Bona Deutschland (2011): Limburg, genehmigt von GF Michael Puschkasch, neu genehmigt 2024.

[26] Wikipedia (o. J.): https://de.wikipedia.org/wiki/Renaissance, letzter Aufruf 08.07.2024.

[27] Soroptimist International Deutschland (o. J.): https://www.soroptimist.de, letzter Aufruf 12.07.2024.

[28] Birkenbihl, Michael (1973)/ Birkenbihl, Vera (2011): Kleines Arbeitshandbuch für Ausbilder und Dozenten. Train the Trainer. Einschliesslich der Verordnung über die berufs- und arbeitspädagogische Eignung für die Berufsausbildung in der gewerblichen Wirtschaft (Ausbilder-Eignungsverordnung), Verlag Moderne Industrie, München; Nachfolgewerk: Train the Trainer. 20. Auflage. mi-Wirtschaftsbuch, München 2011.

[29] Lay, Prof. Dr. Rupert (1998): Weisheit für Unweise, ECON Verlag, Düsseldorf.

[30] Horx, Matthias (o. J.): Zeitenwende – Wandelzeit, Horx Future GmbH, Wien, https://www.horx.com, letzter Aufruf 12.07.2024.

[31] Rosling, Hans (2010): Global population growth, box by box, https://www.ted.com/talks/hans_rosling_global_population_growth_box_by_box?subtitle=en&geo=de, letzter Aufruf 08.07.2024.

[32] Lay, Prof. Dr. Rupert (2000): Charakter ist (k)ein Handicap, Verlag Urania, Freiburg im Breisgau.

[33] Piaget, Jean (1983): Meine Theorie der geistigen Entwicklung, Fischer Taschenbuch Verlag, Frankfurt am Main.

[34] Margaret Atwood, zitiert nach: Andrea Küsters Coaching (o. J.): Was deine Gedanken mit dir machen, https://andreakuesters.com/was-deine-gedanken-mit-dir-machen/, letzter Aufruf 16.07.2024.